북한기록문학 시리즈 2

Unfamiliar Surroundings, Different Coexistence

낯선 환경, 다른 공존

전주람 · 곽상민 · 김지일

이 책에 실린 모든 사례는
인터뷰 때 만났던 분들의 삶을 기록한 것입니다.
그분들 덕분에 이 책을 완성할 수 있었습니다.
북한과 남한에서 경험한 일상의 흔적을 생생하게 증언해 주신
북한출신분들 네 분께 진심으로 감사함을 표합니다.

들어가는 글

이 책은 북한출신 여성에 비해 북한출신 남성들의 일상에 관한 이야기가 상대적으로 적다는 아쉬움 때문에 탄생했습니다. 가족학 전공자인 전주람은 2014년부터 10여 년 이상 북한출신분들을 만나 인터뷰를 해오면서 그들의 일상생활(daily life)에 주목했습니다. 북한의 군사, 정치, 경제, 사회 문제 등은 이미 여러 매체에서 다양한 방식으로 접근하였고, 그 결과도 상당하게 쌓여 있습니다. 그에 반해 북한출신분들의 일상에 대한 접근은 상대적으로 미흡하다고 생각했기에 '일상'을 연구의 주제로 삼은 것입니다.

일반적으로 '북한'이라는 키워드는 남한사회에서 무겁게 인식되는 게 사실입니다. 특히 군사 문제나 핵 문제에 있어서는 전 세계가 주의 깊게 주목하는 상황이라 더 그런 듯합니다. 그래서 우리는 북한출신분들에 대해 잘 알지도 못하면서 편견과 선입견을 품고 그들을 바라보고 살아갑니다. 남한출신분들에게 북한출신분들을 어떻게 인식하는지 물어보면 '불쌍한 사람, 배고파서 넘어온 사람, 자유를 찾아 목숨 걸고 넘어온 사람, 체제를 비판하다가 넘어온 사람' 등 대체적으로 긍정적 시선보다 부정적인 시선을 보이는 게 일반적인 태도입니다.

그러나 '일상'은 사회 전체에 대한 평가와 개념화를 함축한 단어입니다. 즉 그들의 일상을 통해 북한 사회를 예측하고, 북한 사회를 보다 선명하게 알아갈 수 있는 개념이 '일상'이라는 것입니다. 프랑스 철학자 앙리 르페브르에 따르면 '인간은 욕구의 차원, 노동의 차원, 놀이와 즐거움의 차원으로 존재가 파악되며 이 세 가지 요소가 유기적인 관계로 통합될 때에라야 비로소 인간의 참된 모습이 현실화된다.'고 하였습니다. 그만큼 일상을 다루는 것은 결국 일상성을 생산하는 사회, 우리가 살고 있는 그 사회의 성격을 규정짓는 것이므로, 진지한 연구 대상이 되어야 마땅합니다. 단순해서 보잘것없고 지루하며 반복적인 일상이라 하더라도 모든 것이 다 똑같이 이루어지지는 않습니다. 소중하고 값진 사건은 어쩌면 우리가 익숙하다고 해서 간과했던 평범한 일상 속에 담겨 있기 마련입니다.

우리 세 명은 북한출신분들의 일상에 학문적으로 접근하고자 시도하였습니다. (인)문학 연구자인 곽상인은 인문학적 배경을 바탕으로 북한출신분들에 대해 지속적인 관심을 갖고 그들의 인생을 같이 기록하고자 했습니다. 그래서 여가, 노동, 정체성과 강점 등 여러 이슈에 주목한 바 있으며, 북한출신분들을 대상으로 자아정체성과 회복탄력성 강화를 위한 독서세미나도 운영해 왔습니다. 그들과 대화를 나누면서 수집된 유의미한 정보를 정리하였고, 그 결과를 다양한 방식으로 발표했습니다. 특히 전사된 내용을 생동감 있게 입체적으로 구성하여 독자들이 더 쉽고 재미있게 접할 수 있도록 창의적으로 표현했습니다. 여기에 북한에서 살아 본 경험이 있는 평양출신이자 제1고등중학교 출신 김지일이 함께 참여하여, 북한사회와 관련하여 논의해야 할 부분이 있는지 살피는 감수자 역할을 해주었습니다. 그는 코로나 직전에 입남한 청년이자 열정적으로 연구자의 길을 걷고 있는 북한학 전공자이기에 이 책은 더 객관성을 확보할 수가 있었습니다.

2023년, 세 명의 연구자가 한자리에 모여 한국 사회에서 과연 '북한기록물'이 필요한지, 어떻게 정리를 해야 하는지 고민했습니다. 우리는 북한사회의 문화와 여러 한국사회에서 주목되는 통일, 엘리트 계층과 문화 충돌과 적응 등 이슈에 관해 논의해 나갔습니다. 다양한 각도에서 정리하고 기록할 필요성을 느꼈기 때문입니다. 세 연구자는 북한출신분들의 일상생활을 전방위적으로 탐색하면서도, 동시에 남한출신자들과 어떻게 상호작용을 해야 하는지에 대해서도 방법을 모색했습니다. 곧 이 책에서 저자들은 북한출신분들을 인터뷰한 내용을 1차로 정리하고, 북한과 통일에 관심이 있는 독자들을 위해 생각의 폭을 넓힐 수 있는 기회를 제공하고자 하였습니다. 그리하여 북한 연구자 또는 여러 독자가 그들의 일상을 편견 없이 이해하고, 그들의 일상 자체를 존중하는 태도를 갖기 바랐습니다.

이 책을 집필하는 과정에서 세 저자는 기존 연구물을 살피고, 북한출신분들을 실제로 만나 경험담을 거침없이 담아내고자 노력했습니다. 하지만 전주람과 곽상인은 남한 출생자이기에, 인터뷰이들이 쏟아내는 정보가 팩트에 기반한 것인지를 분별하기란 쉽지 않았습니다. 그들의 경험과 우리의 경험은 분명 달랐기 때문입니다. 그 빈틈이 발생하거나 혹은 의혹이 있는 대목은 북한학 전공자 김지일이 바로 잡았습니다. 평양에서 태어나 북한 사회를 경험한 그는 한국에 몇 년 이상 적응하고 있어 남북 사회를 모두 경험한 사람으로서 여러 불명확한 부분을 예리한 시각으로 바로잡을 수 있었습니다. 물론 한국 사회를 이해하는 방식에 한 개인의 경험이므로 한계가 있었으나 일상에 진지한 관심을 갖고 팩트 체크를 해나갔습니다. 세 명의 저자는 향후 남북한 통합에 이 책이 기여하기를 바라는 마음으로 결과물을 내놓았습니다.

　이 책이 나오기까지 인터뷰에 성실히 임해주신 연구참여자분들께 진심으로 감사한 마음을 전합니다. 또 이 책이 출간될 수 있도록 연구자의 뜻을 깊이 헤아려 주신 '박영사' 조정빈 대리님을 비롯, 편집에 있어 꼼꼼함을 보여주신 조영은 대리님과 주인공 인물을 AI를 활용하여 그려주신 전주성 그림작가님께도 감사한 마음을 전합니다. 아무쪼록 이 책을 통해 북한출신분들의 진솔한 일상을 살피는 계기가 되기를 소망합니다.

2025년 2월

전주람 · 곽상인 · 김지일

목차

6

일러두기

책의 내용은 다음과 같이 구성하였다.

1. 현장에서의 생동감 있는 인터뷰는 전주람[1]
2. 대화록 중간에 삽입된 카메라 시선 및 글 구성은 곽상인[2]
3. 전사된 내용을 토대로 초고 완성 및 북한사회와 관련하여 논의해야
   할 부분이 있는지 살피는 감수자 역할은 김지일
4. 〈대화체 표기에서 유의할 점〉
   1) '~면'은 '~믄' 또는 '~면은'으로 중복표기(그러면-'그러믄' 또는 '그
      러면은')
   2) '~더라구요'의 경우 '~드라구요'로도 중복표기(하더라구요-하드라
      구요)
   3) '~같아요'의 경우 '~같애요.'와 중복표기
   4) ~만의 경우 '~만은'과 중복표기(했지만-했지만은)
   5) '것은'은 '~거는'과 중복표기(한 것은-한 거는)
   6) 그 외의 조사는 가급적 북한 어투를 살리는 차원에서 다양한 형태
      로 표기되었음을 밝힌다.

---

[1] 전주람은 현장 인터뷰를 2017년 10월부터 11월 사이에, 서울 양천구 및 경기도 의정부 소재 임
   대주택 공가와 강서구 소재 A복지관, 연구참여자 거주지 부근 카페에서 진행했다. 전사는 인터
   뷰를 마친 시점에서 서울시립대학교 김대직, 이주용 학생이 맡아 진행했다.
[2] 곽상인은 전사된 자료를 토대로 하여 글 구성을 새롭게 했으며, 대화가 독자들에게 잘 전달될
   수 있도록 수정 보완하는 작업을 진행했다.

1

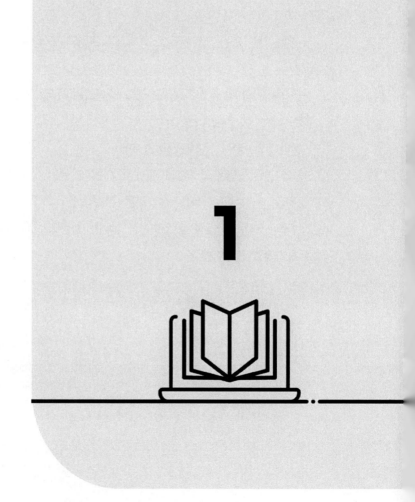

제 앞길 닦아야죠

가명 : 김치수(29세), 시청 공무원

●●●

저는 서른을 앞둔 29세인데, 벌써 이혼남이네요. 뭐 그렇게 됐습니다. 딸이 하나 있는데 (친)누나가 돌봐주고 계세요. 저는 운 좋게도 A시청 수도과에서 공무원으로 일하고 있습니다. 근데 월급으로 돈 모으기는 어렵죠. 퇴근하고 열심히 공부하고 있습니다. 누가 책임져 주겠어요. 제가 제 앞길 닦아야죠.

한국에서 일하는 거 어땠냐고요? 괜찮습니다. 차별이 많다고들 하는데, 저는 좋은 분들 많이 만났어요. 사람 사는 세상, 다 비슷합니다. 내가 잘하고 성실하게 살다 보면 주변에도 좋은 사람 많이 생기지 않습니까? 하하, 제가 서른 살 같지 않다고요? 뭐 고생하다 보니까 여기서 태어난 애들과는 좀 달라 보이나요? 대체로 여기서 사는 거, 만족합니다.

인터뷰어: 전주람(이하 '전')

인터뷰이: 김차수(가명, 이하 '김')

인터뷰 일시 및 장소: 2017년 11월 16일(약 2시간), 의정부 A대형마트 내 카페

초고 완성 및 북한 관련 내용 감수자: 김지일

내용 구성 및 정리: 곽상인

●●●

경기도의 한 마트에서 만났습니다. 음악 소리가 시끄러웠지만, 그와의 미팅을 잡는 데 꽤 오랜 시간이 걸렸습니다. 저는 그의 편의를 위해 거주지 근처로 이동했습니다.

전: 입사하셨을 때 남한 사람들이 어떻게 인식되셨어요?

김: 처음에는 학교를 졸업하고 사회생활을 한다고 생각했을 때, 조금 두려운 점도 있었어요. 나를 어떻게 생각하고, 어떻게 받아들일지. 그리고 내가 또 어떤 시선으로 그들에게 이해가 될지 궁금했어요. 입사해서 두 달 정도 여기 남한 사람들하고 지내다 보니까 다 같은 사람이더라구요. 그래서 어렵거나 힘들거나 하는 사람을 내가 겪어보지 못했어요. 여태까지 사회생활 하면서.

전: 처음에 딱 말하기가 불편하셨던 것들이 있으셨어요?

김: 난 처음부터 다 말했어요. 북한에서 왔다고. 그래서 사장님도

알고 계셨고, 과장이나 대리들도 다 그렇게 알고 있었고.

전: 그런데 이런 걸 숨기시는 분들도 있더라구요. 또 조선족이라고 하시는 분도 있고. 말씀하실 수 있던 이유가 혹시 있을까요?

김: 나는 그걸 굳이 숨기고 싶지도 않았고. 어차피 다 똑같은 사람인데 굳이 내가 숨긴다고 해가지고 뭐 달라지는 것도 아니고. 그래서 솔직하게 말했어요. 같은 하늘 아래 사는데 굳이 조선족이면 어떻고 여기 사람이면 어떻습니까. 그런 생각을 가지고 있었어요. 얘기한다고 해서 불이익을 당할 수도 있었겠지만 그렇다고 숨거나, 숨기거나 할 생각은 안 했어요. 주변 사람들도 저를 외계인 보듯 하지는 않았어요. 잘 챙겨줬고 저를 이해하려고 하고 그랬어요. 궁금한 거 있으면 많이 물어보고, 사회에 대해서도 물어보고 해서 친근감이 더 있었던 거 같아요.

전: 직장 동료랑 같이 술도 마시고 그러세요? 어느 정도 경계를 짓기도 하나요?

김: 부모, 형제처럼은 못 지내도, 나름 친근감을 갖고 잘 지내요. 그리고 또 나름대로 이해할려고 하고요. 친하게 지내는 분은 한두 분 정도 있어요. 여기 한국 사람이에요. 처음에 여기에 왔을 때는 많이 신경이 쓰이고 그랬는데, 지금은 전혀 그렇지 않아요. 남한 사람들이 우리랑 억양이 틀리고 말투가 틀리면은 약간 이상하게 보는 경향이 있는데, 저 같은 경우는 그런 걸 느끼지 못했어요.

전: 근데 외래어 같은 거 많이 써요? 남한 사람들이?

김: 많이 쓰는 편이죠. 분야에 따라서 다르기는 한데, 일본어도 많이 쓰고 그러더라구요. 외래어를 많이 쓴다고 하지만, 또 지나치게 많이 쓰지는 않구요. 웬만한 외래어들은 거의 뭐 일상적으로 쓰는 말이니까 다 이해하고 들어요.

전: 그럼 모르는 거는 물어보는 편이세요?

김: 물어보는 편이에요. 저랑 코드가 잘 안 맞는 사람은 어쩔 수가 없고. 근데 몇 년 정도 여기에 있다 보니까 자연스럽게 알게 되더라구요. 웬만한 카페 같은 데는 다 외래어로 사용하잖아요.

전: 처음에 익숙하지 않으셨어요? 카페에서 쓰는 용어들이 낯설게 느껴지셨겠네요?

김: 처음에는 그랬는데, 시간이 지나면서 많은 사람이 쓰고 하니까 익숙하게 받아들여지더라구요.

전: 자. 그러면 남한 사람들하고 일할 때 '이런 게 장점이더라' 하는 부분이 있으신가요? 아니면 '내가 이 사람들보다 이런 건 좀 뛰어난 거 같다'고 생각하시는 부분이 있으셨나요?

김: 음, 제가 남들보다 뭔가 더 잘한다는 생각은 없어요. 제가 회사에서 막내다 보니까 여기 분들한테 배울 점이 많아요. 그래서 제가 뭔가 특이하게 우월하다고 생각해 본 적은 많지 않아요. 장점은 형들보다 좀 '성숙'이 돼 있다는 것 정도예요. 제가 그런 면이 좀 있어요. 상대방을 이해하려고 많이 노력하는 편이에요. 그리고 잘못된 게 있어도 안 좋은 방향으로 얘기를 해서 부딪히

거나 하지 않아요. 서로 이해가 가게끔 얘기를 하는 편이에요. 그 사람이 안 좋다고 해서 나쁜 사람은 아니잖아요. 저랑 안 맞는 거니까, 뭐 그런 사람도 있을 수 있다고 생각해요.

전: 이해의 폭이 넓으신 편이네요? '성숙하다' 이런 표현을 쓰셨는데요. 스스로 생각했을 때 사회성이나 이런 부분이 괜찮으시다고 평가하시나요?

김: 제가 봤을 땐 그래요. 사업계획서를 쓸 때도 그렇고, 업무처리도 빠르구요. 일에 대해서도 빨리 대처를 잘하고요. 그래도 선배들이 저보다는 더 잘하죠. 아무래도 나랑 비교했을 때는 선배들이니까.

전: 공문서 폼이 북쪽이랑 많이 다른가요?

김: 아, 거기는 컴퓨터가 여기처럼 전문화가 안 이뤄져 있어요. 공문 서류 작업하는 것도 여기 와서 배웠는데, 어렵다고 생각하진 않아요. 나이 드신 분들보다는 좀 빨리 배웠죠. 처음에는 많이 어려웠죠. 타자부터 다시 배워야 하고 그랬으니까요. 여기로 말하면 유치원 수준이었으니까 처음에는 어려웠어요. 완전 새로운 세상이었죠. 엑셀, 파워포인트 등 기본적으로 문서 만드는 프로그램을 다 배워야 했으니까요. 그래서 학원 다니면서 도움받고, 또 모르는 거 있으면 지인분들한테 물어보고, 상담하시는 분들한테도 도움받았어요.

전: 그런 얘길 많이 들었거든요. '남한 사람 정 없다, 매정하다.' 이런 얘기요. 실제로 어떤가요?

김: 다른 분들은 그런 분들을 많이 만났다고 하는데, 저는 그런 차별이나 멸시 등을 많이 느끼진 못했어요. 살다 보면 다 똑같잖아요. 자기 생활이 바쁘니까, 바쁘게 살아야 하니까 정이 없다 느낄 수도 있고 하는데, 그건 사람마다 달라요.

전: 여기 고등학교 가셨을 때 어떠셨어요? 북한 고등학교와 여기 고등학교 차이가 많나요?

김: 뭐, 그렇게. 과목은 다른데 배우는 거는 말만 다르지 거의 비슷하다고 생각해요. 수학도 북한에서는 수학으로 여기처럼 대수와 기하를 배우고, 물리도 배우죠. 용어만 다를 뿐이지, 배우는 거는 비슷하고 그래요. 빠졌다고 하면은 '숭배사상'에 역사를 두 가지씩 배웠었는데, 그런 건 여기선 안 배우니까. 나름 자유롭게 다녔어요. 그래서 여기 애들하고 부딪히거나 그러진 않았죠. 자기 분야에 대해서는 잘 처리하려고 노력하고요. 여기 한국 사람들은 자기 일에 대한 책임감이 있으니까. 그것도 어차피 또 직업으로 해야 되는 일이니까요.

전: 그러면 일과가 매번 다르시겠어요. 보통 일과가 어떻게 되세요? 외근도 많으시나요?

김: 민원 같은 게 많다 보니까 민원 체크해서 외근을 많이 다니고 해요. 외근 나가서 민원을 직접 확인하고 수리할 부분이 있으면 수리하고 그래요. 저희가 기술직이니까요. 여기 와서는 자동화 쪽에서 일을 했어요. 처음에 자동화 쪽에서 일을 하다가, '전자제어'라고 해서 자동차 안의 자동 로봇 장비 세팅 일을 했어요.

제 집이 의정부인데 A지역에서 근무했어요. 그러니까 거리도 너무 멀고, 나이도 한두 살 더 먹게 되고 하니까 너무 밖에 나가 있는 것만 같아서 '직장을 옮겨야겠다' 생각했죠. 서울에 있는 한 기술원에서 2년 일하다가 지금 여기 ○○시청으로 들어온 거죠.

전: 선생님은 북한에서 진짜 이른 나이에 오신 거잖아요. 21살? 20살? 그때 어떤 동기를 갖고 오셨는지 궁금해요.

김: 아빠가 돌아가시고 나서 오게 됐어요. 엄마가 또 여기 계시고, 동생도 와 있고 하다 보니까.

전: 그렇군요. 지금 급여는 만족스러우신 편이신가요?

김: 저는 만족하는 편이에요.

전: 그렇군요. 월급 타시면 주로 어디에 사용하시나요?

김: 공과금 나가고, 부모님 드리고, 생활비 하고, 적금 좀 하고 그래요. 내 개인적인 생활비를 쓴다고 하면 영화 보는 정도. 자주는 안 보는데 가끔씩 새로운 거 나오면 봐요. 장르는 액션을 좋아하고요. 친구들 만나서 커피도 마시고 식사도 하고 술 한 잔도 할 때 있구요.

전: 공무원이라서 복지제도는 좋죠? 다른 직종보다도요. 보험, 휴가 뭐 이런 거 어떤가요?

김: 그러니까 휴가는 연차로 했을 때 15일 정도 될 겁니다. 여기는

뭐, 9시 출근해서 퇴근까지 8시간 꼬박 일하니까 좀 바삐 돌아가는 편이에요. 북한에서는 직장도 있지만 쉽게 그냥 다니는 편이에요. 오전에 나갔다가 점심에 퇴근하는 직장도 많아요. 왜냐면 국가에서 모든 거를 지원해 주니까 거기에 얹혀서 회사 생활만 하고 사는 거죠. 그런데 시장경제가 발달하고 도입되다 보니까, 회사는 명목상으로 다니는 사람도 많고 그래요. 무직이 아닌 상태로 만들어 놓고, 자기가 할 수 있는 일을 하는 거예요. 돈 벌 수 있는 장사를 하는 거죠. 그러다 보니까 직장을 공식적으로 다니는 사람도 있고, 다른 방식으로 돈을 버는 사람도 있고 그래요. 그러니까 한국하고는 분위기가 달라요. 배급이나 급여가 잘 나오는 데는 열심히 일하고, 그게 안 되는 분야는 알아서 돈을 벌고 또 살아야 하니까요. 북한은 다양해요. 또 다른 예로 북한에서는 한 아파트에 같이 살면은 거기에 거주하는 사람은 거의 다 알아요. 인사도 하고, 음식도 나눠 먹고, 누가 어디에 사는지도 다 알고.

전: 그런 문화에 대해 어떻게 생각하세요?

김: 처음에는 이상하다 생각했는데, 이제는 다 그렇게 살아가고 있잖아요. 다 개별주의, 개인주의화가 되다 보니까. 인간으로서의 뜨거운 정이 좀 부족하다는 느낌은 있어요. 근데 남한 현실이 그러니까, 또 빨리빨리 다 그러고 살다 보니까요. 지금은 회사에 충실히 하고 있어요. 나중에는 어떻게 될지 모르겠어요. 앞으로 잘 되면은 힘들게 살거나 부모 없는 아이들 혹은 고아들은 돕고 싶어요. 도우면서 살고 싶어요.

전: 아침 9시부터 퇴근 6시까지, 그리고 또 야근도 하실 텐데, 직무 강도는 어떤가요. 다니실 만한가요?

김: 컨디션에 따라 힘들 때도 있는데 나름대로 괜찮아요. 힘들다고만 생각하면 일을 못 하겠죠. 그리고 또 쉬운 일은 없잖아요. 뭐든지 다 쉬운 일은 없어요. 바쁠 때는 일이 더 안 될 때도 있구요. 여기는 관공서다 보니까 바쁘면 그런갑다 해요.

전: 적응을 잘하시는 편이시네요.

김: 그런 편이에요. 마냥 좋을 순 없겠지만 원만하게 서로 해결하는 편이에요. 처음에 들어오니까 말도 잘 안 통하고 하잖아요. 그런 부분에 대해서 선배들이 알려주고 해서 괜찮아요. 이런 모습을 보고 저에 대해서 처음에 안 좋게 얘기하는 부분도 있겠지만, 그럼에도 저는 그때 부딪히려고 하지 않아요. 나중에 기회가 돼서 불편한 점을 얘기해야 할 타이밍이 오면 그때 얘기하는 편이에요. "형, 이런 부분은 내가 좀 섭섭했다."고 말해요. "이런 부분은 좀 고쳐줬으면 좋겠다."고 해요. 그러면 선배들도 "아, 그런 부분이 있으면 내가 못 느끼니까 쌓아두지 말고 얘기해라."라고 해요. 나는 그렇게 얘기를 해요. 눈치 보면서 일할 것도 아니고, 내 일을 할려고 나가는 거니까. 공동의 회사에서 일하는데 굳이 내가 다른 사람들 비위를 맞추면서 일해야 한다고는 생각 안 해요.

전: 좋은데요?

김: 좋은지 어떤지 모르겠는데, 많이 다르겠죠. 여기 사람들은 못

그럴 거예요. 북한에서는 되게 눈치 보고 맞추려고 하는데.

전: (성격은) 내성적인 편이세요?

김: 네. 내성적이에요. 안 맞는 부분이 있으면 지켜보다가 심해진다고 생각하면 그때 내 생각을 얘기해요. 그때 당장 이야기하는 편은 아니에요. 장소나 때를 가려서, 이때다 싶으면 얘기해요. 괜히 부딪히면은 또 안 좋은 방향으로 흘러갈 수 있고 그래요.

전: 다른 사람들 시선을 많이 의식하시는 편이세요?

김: 네. 의식을 많이 해요. 예를 들어 상사는 연세가 좀 있으세요. 그래도 권위주의적이진 않아요. 제가 의식을 많이 해서 그런지 몰라도, 저보고 열심히 하라고 격려를 많이 해주세요.

전: 남한에서 태어난 분들이랑 일하면서 나한테 도움이 되는 면이 있을까요? 어떤 것들이 있을까요? 어떤 분들은 언어가 많이 도움이 된다고 하던데요.

김: 언어는 잘 나는 모르겠고요. 인간생활이라든가, 살아가면서 도움이 되는 것들, 어떤 흐름으로 살아야 하는지 등을 많이 배웠어요. 이 사회에 대해서. 살아가는 데 필요한 관련 정보도 많이 듣고요.

전: 여성분들과는 부딪힐 일이 없었어요? 업무 특성상 남성분들과 대부분 소통하는 것 같아서요. 남한 사람과 북한 사람이 같이 일하면 문화도 다르고 체제도 다르고, 경험도 다르고 해서 부딪힐 수 있는 일이 많을 것 같은데요.

김: 말투라든가 억양이라든가 이런 것에서 차별을 느꼈다는 분도
있어요. 사람을 대하는 태도에서 이런 문제가 생기는 것 같더라
구요. 적응해서 사는 사람들이 30%밖에 안 되는 거 같애요. 적
응 못 하는 사람들이 많죠.

전: 왜 사람들이 그렇게 이방인 취급을 할까요?

김: 북한을 적대시하는 감정이 크겠죠. 좋아졌다가 또 안 좋은 감정
도 가졌다가 하시는 분들이 많더라고요. 사람마다 생각하는 게
다 다르잖아요. 적응하는 것도 사람 나름인 거 같아요. 나같은
사람도 있고, 또 다른 사람도 있구요. 어떻게 보면 다 같은 사람
이에요. 그러니까 적응을 잘하는 사람도 있고 못 하는 사람도
있구요. 힘들게 사는 분들도 있고, 그렇지 않은 사람도 있고, 다
다르니까요. 알아서 각자 생각해야죠.

전: 민주주의 체제는 어떤 거 같으세요? 좋은 점도 있고, 나쁜 점도
있죠?

김: 의료체계는 잘 되어 있어요. 나는 나라가 있고, 국가가 있은 다
음에 우리가 있어야 된다고 생각해요. 이게 민주주의고 인권이
고 그래요. 그 인권을 이해하지도 못하는 사람들이 민주주의라
는 것을 우선시하고 내세우는 거예요. 그러다 보면은 사회가 힘
들어지는 거죠. 무조건 나하고 안 맞다고 해서 경쟁하는 것은
옳지 않죠. 짓밟고 올라가는 자본주의 또는 냉정한 사회보다도
좀 따뜻한 사회를 이루는 것이 좋다고 생각해요.

전: 남한의 삶이 너무 힘들다고 느껴지기도 하는데, 어떤가요?

김: 그렇죠. 자살률도 1위고 이혼율도 1위라고 하잖아요? 그런 거를 봤을 때는 바뀌어야 할 점도 많다고 봐요. 그런데 모든 것을 맞춰 살 수는 없잖아요. 교육적인 면을 보면, 부모도 힘들고 학생도 힘들고 그래요. 양방이 다 힘들어하는 거 같아요. 우리 교육 시스템 자체가 그러니 어쩔 수 없는 거잖아요. 그러다 보니 안정적이라고 생각하는 공무원이나 대기업에 취업하려고 하잖아요.

전: 북한에서는 그런 거 없죠?

김: 네. 북한에서는 각자도생이 크죠. 집집마다 장사하고 살거든요. 농사를 짓든, 축산을 하든, 도시에 살든, 특산물을 팔든, 무역을 하든 각자도생이죠. 그러니 삶의 질, 행복도, 만족도가 의외로 높을 수도 있어요. 그런데 공산주의 국가다 보니까 또 제한을 많이 받잖아요. 그러니 힘든 거죠. 자꾸 뭔가를 국가에서 제재를 하니까요. 그런 것을 풀고 열어두면 나을 텐데, 그게 걱정이네요.

전: 그러면 조화롭게 지내려면 어떻게 해야 될까요?

김: 아이들이 치열하게 경쟁도 안 하고, 먹고 살 수 있는 정도를 갖추어야 하는데 그게 안 되다 보니까 문제인 거겠죠. 돈에 대한 경제개념도 확실하게 박아주고 가르쳐야 하는데, 그것도 어려운 것 같구요. 부동산에만 집착하다 보니, 삶의 질도 떨어져 힘든 거예요. 질문에 대한 답변이 좀 이상한가요?

전: 괜찮아요. 뭐든 좋아요. 그러면 현실 감각이 없는 아이들을 보면 어떠신가요?

김: 안타깝고 답답하죠.

전: 돈은 어떻게 써야 할까요? 대출도 있고 카드 사용도 있고 그러한데.

김: 여기 와서는 신용카드를 많이 안 썼어요. 그리고 은행에 빚내는 거를 싫어해요. 그래서 저는 경제 교육도 잘 시켜야 한다고 생각해요. 특히 '주식하지 말라'고 얘기해요. 우리 남쪽은 돈을 벌어서 노후 준비를 해야 하고, 저축도 해야 하고, 할 게 많아요. 그런데 유럽은 복지가 잘 돼 있으니까 그런 걱정을 안 해요. 월급을 받아서 세금은 많이 내도 행복하게 살면 되거든요. 우리나라 시스템은 그런 시스템이 아니잖아요. 벌어서 적금하고, 대출받고 집 사고 그렇잖아요. 지금 일본이 예전과 같지 않잖아요. 경쟁력이 우리보다도 더 떨어졌잖아요. 그래서 투자를 안 하고 은행에다 다 돈을 넣는 거예요. 그러면 마이너스예요. 그냥 벌어서, 은행 넣지 않으면 대출받아서 빚 갚다가 그냥 끝나는 거예요. 그런 문화는 아닌 거 같아요. 이제 그런 경제에 대해서 많이 배워서 엄마들이 경제권을 많이 가지고 있잖아요? 잘 배워서 잘 가르쳐서 애들이 돈을 잘 벌어야겠죠. 4차산업 쪽이 발달돼야 해요. 이제 그런 부분밖에 안 남았어요. 그런 쪽도 신경을 써야 해요. 그리고 경제 교육도 필요해요. 인성도 중요하고요.

전: 마지막으로 에피소드 같은 거 몇 가지 들려주실 수 있나요? 재밌었던 것도 좋고, 야유회 때 경험했던 것도 좋구요.

김: 산에도 가고 했는데, 자주는 안 갔어요. 서너 번 정도 갔던 거

같아요. 가면 그냥 즐겁게 놀고, 이런저런 얘기하고, 올라가서 막걸리도 한 잔 하고요. 내려와서도 직원들이랑 놀고 그러다 보면 서로 가까워지고 그래요. 예전에 산에 갔는데, 많이 마셔서 정상까지 올라갔다 내려오는 길에 한 사람이 넘어졌다는 것 정도가 재밌는 거라면 재밌는 거죠. 그런데 이런저런 얘기를 많이 하는 것이 재밌죠. 가정사도 얘기하고요.

전: 솔직한 편인가요?

김: 네. 솔직한 편이에요. 내가 겪은 것을 숨기거나 하지 않아요. 대체로 솔직한 편이에요. 그러니까 얘기할 사람한테는 다 얘기를 해요. 그렇다고 다 털어놓고 한다는 거는 아니고요. 맘속에 있는 얘기를 할 수 있는 사람한테는 다 말해요.

전: 직장생활을 하다 보면 힘들 때가 있잖아요. 내가 이걸 왜 하나 싶을 때도 있을 거구요. 그럴 때는 어떻게 버티세요?

김: 맡겨진 임무니까, 해야 하니까 하는 거죠. 일 안 하고 싶고, 놓아버리고 싶고, 그냥 편하게 살고 싶은 게 사람 심리잖아요? 근데 그거를 다 저버리고 나 편한 대로 살자고만 하면 인간이 아닌 거죠. 일은 해야 해요. 사람이라는 건 어느 정도의 노동을 해야지, 계속 나태해지다 보면 안 좋을 길에 빠지게 되거든요. 그러면 안 좋은 생각도 하게 되고요. 일을 하지 않으면 행복하진 않을 거예요. 오래 가진 않아요. 뭔가를 해야지 나태해지다 보면 병도 걸리고 생활의 리듬도 없어지죠.

전: '일'이 중요할까요?

김: 일이 중요하다기보다 인간이 숨 쉬고 살아가려면 뭔가를 해야 한다고 생각해요. 힘들 때도 있고, 안 힘들 때도, 좋을 때도 있고. 이런 걸 느끼면서 살아가는 게 사람이잖아요. 어차피 죽는데 계속 밥만 먹고 편하게만 살면 그건 뭐 짐승이랑 똑같은 거지, 동물인 거잖아요. 사람으로 태어났으면, 잘 살든 못 살든 사람으로 살다가 가야지, 쓰레기처럼 살다가 가면 안 되잖아요. 내가 할 수 있는 본분, 내한테 맡겨진 짐, 이런 책임감을 가지고 살아가야 한다고 생각해요. 그거를 저버리면 그다음부터는 이제 사람이 아닌 거예요. 일에 대해서도 그렇고 인간적으로도 서로 힘들 때 책임져야 할 일은 책임지고 해야죠. 자기가 한 일에 대해서는 최선을 다해야죠. 그게 옳다고 봐요. 열심히 하다가 안 되는 거는 어쩔 수 없지만, 하기도 전에 안 한다는 것은 말이 안 돼요. 요즘 시대에는 편하게 살기를 좋아하는 사람들이 많죠. 그 사람들 인생이니까 내가 이렇다 저렇다 말할 수는 없지만. 민주주의 국가인데, 그 사람 인생인데, 그렇게 살겠다고 하는데, 안 좋다고 생각하는 것도 그렇기는 해요. 또 그 사람 나름대로 또 자기 가치관이 있을 거 아니에요. 인정해야죠.

전: 선생님은 가치관이나 종교관이 어떠세요? 일에 대한 철칙이라든지, 성실하고 정직하게 살아야 한다라든지요.

김: 교회를 다녔었는데, 종교관을 떠나서 인간이라면 서로 이해할려고 노력하고, 서로 배려하려고 노력해야죠. 저희 어머니도 교회를 다니시고, 교회를 통해서 만나는 분들이 많아서 저도 교회를 다니기 시작했어요. 믿는다기보다는 사람들이 좋아서 다녀요.

교회에 나가면 즐거우니까요. 심적으로도 하나님을 또 가까이하고 그런 거 같아요.

전: 그러니까 신의 존재가 믿어지는 거네요?

김: 네. 믿어요. 교회를 다닌다고, 종교 생활을 한다고 해서 다 바르게 사는 건 아니잖아요. 더 안 좋게 사는 사람도 많고요. 다 사람의 차이예요. 인간의 차이, 가치관의 차이죠.

전: 그러면 부모는 자식에게 무엇을 가르쳐야 할까요?

김: 어렸을 때부터 뭐든지 다 해주는 것은 안 좋은 거 같아요. 어렵게 사는 애들도 보여주고, 보육원 같은 데도 데려가서 힘겹게 사는 애들하고도 놀아주기도 하고, 어른들을 공경하는 마음도 가르치면 좋겠고요. 고학년쯤 되면은 부모들이 좀 힘들겠지만, 시간 내서 봉사도 1년에 몇 번 정도 하면 교육상 좋겠죠. 힘들게 생활하는 아이들의 모습을 경험하게 하는 것이 좋겠죠. 어린 아이들에게도 좋은 일을 해서 살아야 한다고 가르치는 게 중요해요. 이런 가치관도 키워줄 필요도 있고요. 이기심이 가득해서 자기 것만 챙기는 애들은 커서 문제가 되더라구요. 나중에 부모도 몰라본다고 하고 그렇잖아요.

전: 그렇군요. 만약 선생님이 회사를 세우시거나 CEO가 되셨다고 가정했을 때, 누군가에게 조언을 해줄 수 있는 입장이라면 북한 사람들에게 어떤 조언을 해줄 수 있을까요?

김: 사람을 달달 볶는 문화가 아니라, 서로를 믿어주고 자발적으로

일하고 회사를 위해서 헌신하고 노력하는 문화가 있는 회사를 만들고 싶어요. 그래야 전망이 있고 발전이 있죠. 북한 사람에게도 서로를 믿어주고 자발적으로 노력하라고 말하고 싶어요. 힘들고 지치다 보면 더 이상 일을 안 하거든요. 맡은 바 업무를 자율적으로 하되, 실적이 나게끔 더 열심히 일하면 좋은 회사가 만들어지겠죠. 힘든 것도 오너가 품어주고 리더십을 발휘하면 좋은 회사가 되겠죠. 유럽 같은 경우는 그런 회사들이 많잖아요. 한 식구처럼 생각해야 잘 되는 회사가 되겠죠. 그런 부분이 중요하다고 생각해요. 후배들이 우리 회사에 들어오면은 뭐, 글쎄 내 나름대론 잘 해준다고 하겠지만 본인이 그렇게 느껴야 되는 거잖아요. 그러니까 그렇게 느낄 수 있게 뭔가를 잘해야겠죠. 실수도 많이 할 수도 있어요. 경험하지 못 했으니까 생소할 수도 있고요. 그런 실수를 윽박지르고 안 좋게 얘기하고, 안 좋다고 생각하고 그러면 서로에게 상처만 되겠죠.

전: 한두 번은 실수할 수 있는데, 세 번을 넘어가서도 계속 그러면은 본인한테 문제가 있을 수 있잖아요. 그런 직원이 있다면 어떻게 하시겠어요?

김: 네. 그러면은 해결을 봐야죠. 상사가 된 입장에서 보면은, 그 사람이 잘못한 것을 나 혼자서 책임을 떠맡을 수는 없잖아요, 같은 팀인데. 일이 안 됐을 때, 나보다 상사가 나를 어떻게 대우하는지도 몸으로 느껴야 하구요. 불이익을 당해보기도 해야 정신을 차리는 거잖아요. 그래도 정신을 안 차린다, 계속 실수한다 그러면 그거는 머리가 잘못된 거예요. 해고는 안 하겠지만 그

사람이 잘할 수 있는 것을 찾아서 하게끔 해야죠. 맡겨 주는 거죠. 버리지는 않고. 같이 살아야 하니까요.

전: 마음이 약하신가 봐요.

김: 뭐 살아가는 게, 돈이 많다고 전부도 아니고. 어차피 살다가 죽는 거는 사람이 다 똑같잖아요. 그런데 태어난다는 것 자체가 비극이에요. 끝날 때는 다 비극(죽음)으로 끝나거든요. 중간중간에 기쁨, 안 좋은 일, 좋은 일들을 겪으면서 사는 건데, 좋은 일이 많기를 바라면서 사는 거죠. 사람처럼 생각하고 사람답게 살다가 가야죠. 남한테 해를 입히거나 쓰레기처럼 살다 가면 안 되잖아요. 돈이 많다고 해서 죽을 때 가져가는 것도 아니고, 어차피 오늘 살고 내일 사는 건 다 똑같아요. 그 방법을 느끼는 것의 차이겠죠. 죽는 거는 어차피 순서가 없잖아요? 저야 믿음이 있으니까 천국에 가서 또 산다고 생각하죠. 운명인 거죠. 사람 일은 모르는 거잖아요.

전: 혹시 성공해야겠다는 마음이 있으세요?

김: 회사도 열심히 다니고, 제게 맡겨진 일도 열심히 하고 책임감도 있게 살면은 잘 살았다고 할 수 있겠죠. 자식이 있어서 잘 키우는 것도 성공이겠고요. 성공해서 어린아이들한테 도움이 되고 싶어요. 인간이니까 모든 걸 다 내려놨다고 하기엔 어렵겠지만 성공해서 잘해야겠다는 생각이 있어요. 성공했다고 나만 많은 것을 누리고 사는 것이 아니라 옆을 좀 보면서 배려하고 살자는 생각이 커요.

전: 그런 생각은 어렸을 때부터 가지셨어요?

김: 커오면서 그런 거 같아요. 저도 엄마 아빠하고 헤어져서 부모교
육을 확실하게 받은 것도 아니고, 가정교육이 뭐 그렇게 좋았던
것도 아닌데요. 어려운 가정 형편에서 성장했고, 계속 어렵게
살다 보니까 그런 처지에 있는 아이들에게 뭔가를 해주고 싶어
요. 저도 크면서 부모님이 저한테 해줄 수 있는 게 별로 없었고,
나 혼자서 모든 걸 결정하고 해결해 왔으니까요. 유소년부터 그
렇게 살았어요. 엄마하고 10살? 9살? 때 헤어졌으니까, 부모 사
랑은 못 받고 자랐죠. 커서도 그렇고. 그래서 어려운 아이들을
보면 돕고 싶어요.

전: 진짜 어렸을 때 헤어지셨네요. 9살 때면 초등학교 2학년인데요.
근데 커서 어머니는 만나시잖아요? 그죠? 그러면 그때 사랑을
못 받았다는 것에 대해 원망이 되나요?

김: 어렸을 때, 처음에는 원망을 많이 했어요. 근데 내가 성숙한 어
른이 되어가고 하니까 엄마를 이해하려고 노력해요. 지금은 엄
마하고 관계가 그저 그래요. 나쁘다고 할 수도 없고, 그렇다고
좋다고도 할 수 없는 상태죠. 또 제가 아들이다 보니까 다정하
게 대화한다든가 하는 편은 아니에요.

전: 그럼 동생이랑 친하시겠네요?

김: 동생하고는 이런저런 소리를 많이 하는 편이에요.

그와의 대화는 거의 단답식 답변이었습니다. 그렇다고 비협조적인 것은 아니었습니다. 참여자는 인터뷰어의 질문에 자주 '예'라고 반응하며, 자신의 진술에서도 중간중간 '예'라고 말하며 대화를 어느 정도 정리하는 느낌이 들었습니다. 이런 방어적 태도는 제 질문에 대해 '뭐', '뭐 그런 건' 식으로 반응하는 데서도 느껴졌습니다. 어쩌면 이는 구어적 습관일 수 있지만, 때로는 여전히 개방되지 않았다는 인상을 주었습니다.

그는 답변을 하는 데 있어, 다른 참여자에 비해 상대적으로 침묵하는 시간이 길었습니다. 특히 초중반까지 질문에 대한 답을 단답형으로 하고 있어, 간단한 정보만 저에게 제공하려 했습니다. 연구자가 형용사나 단어를 예로 들면 그대로 따라가며 반복 진술했지만, 추가적인 진술로 잘 이어지지 않았습니다. 연구자가 질문을 계속해야 하는 상황이 그에게는 피곤하게 느껴졌을 수도 있겠습니다. 이런 면에서 답변은 사건을 중심으로 구체적으로 얘기해주시라고 요구해야 하는 게 맞겠지만, 이마저도 '뭐 그런 건 별로'라는 식으로 넘어가려 하는 것 같았습니다. 구체적인 경험들이 떠오르지 않은 것인지, 없는 것인지 잘 모르겠습니다. 한편, 인터뷰이는 질문에 상관없는 부가적인 이야기는 별로 하지 않는 편이라, 예상 루트를 잘 잡고 질문하면 그에 대한 답변은 충실히 말할 수 있는 장점도 있어 보였습니다.

저는 그의 삶에서 차별이나 무시 등의 경험이 없었을 것이라고 생각하지 않았습니다. 그가 계속해서 그런 것을 경험하지 못했다고 말하는 것은, 사실은 말하고 싶지 않다는 의미로 들렸습니다.

그는 남한 사람인가, 북한 사람인가? 북한 출신 남한 사람인가?

그는 자신이 속한 조직인 남한, 북한, 남북한 모두에 대해 "우리"라는 개념을 혼재하여 사용하고 있었습니다. 북한을 "거기"라고 하면서도 다른 말에서는 "우리"라고 하고, 남한을 "여기"라고 하며 "우리"라는 말 속에 포함시켰습니다.

또 한 가지, 그가 말하는 근거 없는 사회 비판의 내용이 불편했지만 그가 어떻게 대응할지 잘 몰라 그냥 듣기만 했습니다. 목소리가 커지며 북한 어투가 나오자 옆 테이블 사람들이 힐끔힐끔 쳐다보기도 했습니다. 유럽은 경제와 관련하여 주식 투자 등이 잘 이루어지는 문화권으로 묘사했고, 한국은 부모들이 자식들을 망하는 길로 교육한다고 했습니다. 또한 그는 20살에 독립을 못하면 바보 취급을 받는다고 했습니다. 진짜 그런지는 잘 모르겠습니다.

두 번째 만남

인터뷰어: 전주람(이하 '전')

인터뷰이: 김치수(가명, 이하 '김')

인터뷰 일시 및 장소: 2017년 11월 22일(약 2시간), 의정부 A대형마트 내 카페

초고 완성 및 북한 관련 내용 감수자: 김지일

내용 구성 및 정리: 곽상인

●●●

두 번째 만남은 여러 차례의 설득 끝에 이루어졌습니다. 아마도 지속되는 만남이 그에게는 다소 부담스러운 듯하지만, 흔쾌히 수락해주셨습니다.

전: 지난번에 말씀해주신 내용 중에요. 남한 사람하고 일하시면서 느낀 긍정적인 점이나 좋은 점이 있을까요?

김: 남한 사람은 열심히 잘 살려고 노력은 많이 하잖아요. 빨리빨리 뭐든지요. 이런 게 부작용이 좀 있는데, 그래도 잘 살려고 하는 거 같아요. 저는 20~30대는 빼고 사람하고 부딪혀서 사회 경험을 못 해봤잖아요. 그래서 그 사람들의 정신력은 잘 모르겠어요. 우리 팀에 6분이 있는데, 모두 그렇게 바쁘게 사시는 것 같아요.

전: 재밌던 추억 있으세요?

김: 재밌는 거는 뭐, 서로 잘 융합이 돼서요. 서로 웃으면서 그냥 넘기고 그러니까요. 재밌게 일하려고 노력하는 게 참 좋은 거 같아요.

전: 친구 관계에서요. 팀원들하고 비교했을 때 어때요? 친구관계랑 팀원들을 비교했을 때 어때요?

김: 연세가 많다기보다도 여기서 자랐기 때문에, 나랑 달라서 애틋한 관계가 아니죠. 전화도 좀 덜 하게 되고요. 정을 뜨겁게 나누기에는 애매한 관계죠. 직장 상사들이지요. 어려운 일을 당했을 때도, 회사 사람들한테 전화한다기보다 차라리 친구한테 전화하면 달려오죠.

전: 그러니까 친구만큼 가깝진 못하네요? 어떤 면에서?

김: 그렇죠. 가족처럼 지내긴 어렵죠. 직장 상사분들도 생각하면서 말하는 편이에요. 왜냐면 하고 싶은 말을 다 하고, 생각을 표출하면 좋아하는 사람 있을지 모르겠지만, 대부분 안 좋게 생각할 수 있으니까요. 융합하고 서로 맞춰가지고 생각하면서 얘기하고 그래요. 분위기 보면서 비슷한 말을 해야지, 다른 말을 하면은 또 부작용이 생기죠. 어차피 직장인데 내 하고 싶은 소리를 다 하진 못하잖아요. 그렇다고 해서 또 너무 안 하는 것도 문제고.

전: 직장을 그만두시더라도 만나실 분 계세요? 직장 사람 중에서요.

김: 있죠. 그럴 수 있죠. 친하게 유대 관계를 가지고 있는 형들하고 커피 마실 수도 있고, 이런저런 얘기할 수도 있는 거죠.

전: 남한 사람들이랑 근무하는 거랑, 북한 사람들이랑 근무하는 거
랑 뭐가 더 나아요?

김: 북한 사람들이랑 여기에 와서 근무해본 적이 없어서 모르겠는데
요. 난 남한 사람이 더 편한 거 같아요. 북한 사람보다 나아요.
편한 면도 있고, 일적으로도 많이 배울 것도 있고, 인간적인 것
도 그렇고요. 빨리 빨리하는 문화도 배우고, 또 생각도 배우고
그래서 좋아요. '다른 사람들은 이런 생각을 하며 사는구나.'라고
생각하는 것도 재밌어요. 그래서 살아가는 데 도움이 많이 되죠.

전: 직장 분위기는 어때요?

김: 그때그때마다 달라요. 계속 같을 순 없잖아요. 냉랭할 때도 있고
느슨할 때도 있고 좋을 때도 있고 그런 거 같아요. 냉랭할 때는
일이 좀 바쁠 때고요. 업무가 많고 그러면 빡빡하게 돌아가니까
냉랭하죠. 인간이니까 충분히 다 이해해요. 그럴 때는 서로 감정
조절을 하면서 일하죠.

전: 화나게 한 사람도 있어요? 떠오르시는 분 있으세요?

김: 화나게 했다기보다도 열받게 하는 사람도 있었죠. 회사 생활하
다 보면 천차만별이잖아요? 좋은 사람 있으면 그 반대인 사람도
있고, 회사마다 다 있는 거잖아요? 서로 이해하면서 가는 거지,
"너, 나에게 나쁘게 대했으니까 나쁘다.", 이렇게 말하기도 힘들
죠. 그 사람은 또 그 사람만의 생각이 있고 스타일이 그러하다
고 이해해야죠. 그런데 열받게 했던 사건이라기보다는 예전에
처음으로 사회생활 할 때 많이 모르고 하니까 사장한테 많이 혼

났죠. 전자 회사였는데, 자동차 프로그램을 설계해 자동차 부품을 생산하는 기계를 만들어내는 곳이었어요. 어쨌든 내가 사회생활을 처음 하는 거라서, 많이 배울려고 하는데, 옛날 분이다 보니까 나를 가르치는데 소리치고, 가끔씩은 드라이버 가지고 나를 툭툭 치기도 했거든요. 한두 달은 그렇게 지냈는데, 한 6개월 되니까 저도 반발심이 생기더라구요. 그래서 "하지 말라."고 대들었죠.

전: 북에서 왔다는 것 때문에 괴롭힘을 당한 적은 없으세요?

김: 그것 때문에 그런 건 없었어요. 근데 마음이 나쁜 사람은 아니었고, 나한테 뭔가를 가르쳐주는 방식이 나빴던 거죠. 나는 내 방식으로 배우려고 했던 거고요. 자기 방식이 옳다고 무조건 '이렇게 해라, 저렇게 해라'라고 하는 것은 문제죠. 그래서 "사장님 그만하시죠."라고 얘기했죠. "나도 할 만큼 하니까 도면 던져주면 제가 알아서 일할게요."라고 했죠. 그렇게 6개월이 지나서부터는 잔소리도 많이 안 하시더라구요. 저도 웃으면서 그만큼 또 따라주고 하니까.

전: 완전히 자존심 상할 거 같아요.

김: 처음에는 자존심이 많이 상했죠. 기분도 안 좋고 그랬는데, 그 사람이 나빠서 그렇다는 게 아닌 것을 아니까 괜찮아요. 사람은 참 좋은 분이셨고 따뜻하셨어요. 시간이 지나가고 술 한잔하면서 풀고 얘기하고 그랬죠. 그러면 또 가까워질 수도 있고. 남자들이 일하다 보면 그럴 수도 있어요. 그러다 보면 잘 넘어가요.

그렇다고 해서 그걸 또 계속 품고 있는 것도 안 좋은 거지. 그러면 서로 힘든 거고. 또 나는 배우는 입장이잖아요. 그 사람도 일이 빨리 능률적으로 돌아가야 돈을 버는 것이고, 저도 그 사람한테 돈을 받는 입장이고 하다 보니까 그럴 수밖에 없죠. 사람을 관리하는 게 젤 힘들거든요. 애들 가르치고, 사람하고 관계 맺는 게 젤 힘든 거죠. 시간이 지나고 지나가면 이해가 돼요. 나는 이해를 못 하니까, '저 사람은 꼭 나쁘다.'고 말할 수도 없어요. 왜냐면 그 사람이 다른 사람한텐 또 좋은 사람일 수도 있잖아요. 근데 아주 그냥 심보가 고약하고 계속 나쁜 사람인 사람도 있겠죠. 여러 사람이 그런 말을 하면 안 좋은 사람이겠죠. 근데 그렇게 나쁜 사람은 아니었어요.

전: 싸울 때 큰소리도 내고 그러셨어요?

김: 그럴 때도 있고요. 그런데 그 사장의 잘못된 버릇을 우리가 조금씩 계속 고쳤죠. 그렇게 안 하게 만들고. 그래서 그 사장이 우리한테 뭐라고 말을 못 하게 우리가 일을 잘해야 한다고 생각했어요. 그래서 일을 빨리 배웠죠. 잔소리 안 듣게 일을 잘했어요. 그러니까 '우리한테 뭐라고 할 수 없게 만들어 놓고 나서 우리가 할 소리를 하자.'는 식이었어요. 그러니까 점점 잔소리나 화가 줄더라고요. 점점 믿음이 생기니까, 신뢰가 생기니까 그랬죠. 우리가 그 사람을 바꿨지. 사람은 잘 안 바뀌거든요. 그렇게 몇 십 년을 살아온 사람들이, 자기 방식대로 살아온 사람들이 바뀌겠어요? 차라리 우리가 바꿔야지. 그때 형들이 잘 챙겨줬어요. 회식 같은 거 끝나고 그래도 택시 꼭 태워서 보내고, 택시 보낼

때도 택시비를 꼭 주더라구요. 잘 챙겨주는 편이었죠. "북에서 왔냐?"는 거는 처음에만 한두 번 물어봤지, 그 다음부터는 안 물어보더라구요. 왜냐면은 내가 또 어떻게 받아들일지, 또 어떻게 생각할지 모르니까 그랬다고 하더라구요. 그러니까 참 좋은 분들이었어요. 그래서 저는 사회생활을 하면서 부딪히며 싸우고, 차별당했다고 생각해 본 적이 없어요.

전: 그래도 외롭거나 하지는 않았어요?

김: 막 내려왔을 때는 외로웠죠. 친구들하고 떨어져 지내고, 여러 친척하고 헤어져서 살고 하니까 외로웠죠. 어찌 보면은 여기 와서 외국에서 한국으로 돈 벌러 온 외국인 노동자보다도 못한 것도 있었어요. 어디든 돈 벌어서 고향으로 다시 갈 수 있잖아요? 돈 벌어서 부모 형제 만나고 자유롭게 지낼 수 있는데, 왜 우리는 그렇게 못할까. 가고 싶어도 가보지도 못하고 하니까 답답하고 안타깝고 그래요. 여기로 내려와 있는 실향민분들이나 우리 같은 새터민들이 다 그러겠죠. 고향이 그립고, 형제들도 보고 싶고 그럴 겁니다. 그런데 그렇게 할 수가 없으니까, 못하니까 답답하죠.

전: 그런 거는 어떻게 견디셨어요?

김: 뭐 견딘다기보다도 그냥 생각하다가 잊고 또 다른 거를 생각하고 그래요. 생각을 안 할려고 노력을 많이 하는 편이죠. 그렇다고 해서 술 먹지는 않아요. 다른 사람들은 그럴 때 술을 많이 먹는다고 하더라구요. 근데 어떻게 할 수가 없는 거잖아요? 주

36

어진 환경이고, 운명일지도 몰라요. 그나마 어머니가 계시니까 다른 사람보다는 나아요. 그렇지 못한 사람들도 많으니까. 가까이 산다고 해서 특별하게 정이 간다고 생각은 안 해요. 각자 떨어져 있어도 자기 생활에 충실하고 자기 역할만 잘 해서 살아간다면 그걸로 된 거죠. 어디서 사는 게 중요한 게 아니고, 같이 산다고 해서 좋은 것도 아니고.

전: 동생 잘 챙겨주세요?

김: 잘 챙겨주는 편은 못 돼요. 안 친하기보다도 내가 생활이 바쁘다 보니까, 연락을 잘 안 해요. 연락해도 "잘 지내냐?" 그러고 말아요. 걔도 사회생활을 하고 있으니까 굳이 내가 뭘 챙겨주고 하지 않아요. 여기 애들이랑 똑같애요. 내가 봤을 때 좀 답답한 면이 있는데, 또 동생이잖아요. 성인이고 자기가 생각한 대로 살아갈 어른이 됐으니까 '이렇게 해라, 저렇게 해라.'라고 터치를 하고 싶지도 않고.

전: 어떤 분은 자식한테 희생하고 그러시잖아요?

김: 저는 내 인생이 중요한 것보다도 사람이 서로 책임감을 갖고 살아야 한다고 봐요. 난 딸한테도 그렇게 얘기할 거예요. "네가 책임질 일이 있으면 무조건, 너를 포기하고 책임을 지는 삶을 살아가라."라고요. "네가 자신이 없으면 책임질 일을 하지 마라." 고 교육할 거예요. 책임질 일을 했는데, 책임 안 지고 무책임하게 살아가는 거는 짐승이랑 똑같은 거예요. 그냥 밥만 먹고 살아가는 거랑, 숨만 쉬고 살아가는 거랑 같아요. 왜 그러면은 자

기가 그런 행동을 함으로써 다른 사람이 피해를 받고 힘들게 살아가면 안 되니까요. 책임이라는 게 참 중요한 거예요. 민주주의 국가도 자본주의기 때문에, 책임질 일을 안 하면 되는 거고. 책임질 일을 했으면 그거에 대한 책임을 지고 살아야죠.

전: 직장에서 일이 서너 개 주어지면, 그 이상으로 하시는 편이세요?

김: 그 이상으로 할 때도 있고, 더 빨리 끝낼 수도 있고. 일에 따라서 다 다르니까요. 그렇다고 계속 더 이상으로 하는 것도 아니고요. 나보다 더 어려워 보이고 힘들어 보이면 도와주려고 해요. 사람들이 있어서 우리가 있는 거잖아요. 사람들이 만들어 놓은 사회에서 우리가 살고 있는 거고요. 그래서 사람들을 무시하면 안 되는 거예요. 공경하고 살아야 되는데, 사회가 너무 박하다 보니까 안타깝죠.

전: 직장에서도 되게 책임감 있게 일하실 것 같으세요.

김: 우리 일에 대해서는 열심히 할려고 그래요. 책임감 있게 일할려고 그러고요. 당연히 그렇게 해야 되는 거라고 생각하고요. 힘들다, 귀찮다, 몸이 지친다고 생각할 때도 있죠. 그냥 포기하고 막 살고 싶을 때도 있지 않습니까. 근데 또 그럴 때마다 내가 지켜야 되는 가족이 있고, 내가 또 인간으로서 해가야 하는 일도 있는 거고요. 내가 해야 할 행동들이 있는데 무책임하게 해서는 안 되는 거예요. 내가 혼자면은 막 살았을지도 모르겠는데, 나한테 책임이 주어졌으니까 해야죠. 막 살면 안 되고. 힘들어도 책임감을 갖고 살려고 해요. 막 살고 싶은 욕망을 절제하

니까 인간이죠. 힘들어도 버티고, 이겨내고, 좀 쉬어가면서 일을 하니까 인간이죠. "난 마음대로 살 거야, 나 혼자 살 거야", 이러면 누가 일하고 싶겠어요. 왜 밤늦게까지 일하고, 식당에서 일하고 하겠어요. 자녀들 공부시킬려고 일하는 거잖아요. 뭐든지 해서 이바지할려고 일하는 거잖아요.

전: 따님은 눈에 넣어도 안 아플까요?

김: 그 참, 많이 보고 싶죠. 뭐든 다 주고 싶은데 그렇기도 뭐하고. 또 그렇게 키우면 안 되고요.

전: 절제하시네요?

김: 지금은 어리니까 나중에 좀 크면은 가르쳐야죠. 그래야지 커서도 일단 인간이 먼저 되어야죠. 지금 사랑을 받고 자라야 하는데 사랑을 많이 못 받고 자라죠. 할아버지, 할머니 밑에서 자라는데, 한편으로 생각하면 또 아픈 손가락이죠. 안타깝기도 한데 상황이 이렇게 주어졌으니까 그렇게 살아가야 하는 거잖아요, 그러니까 내가 또 포기를 하면 안 되고요. 화상통화 자주 해요. 3살이라서 이제 말을 할 줄 아니까. 이쁜 짓도 많이 하고, 여러 가지로 일하다가도 눈에 밟히고 그렇죠. 저녁에 통화도 하고 주말에는 거기 가서 보고 하니까. 근데 나도 엄마하고 9살 때 헤어져서 이렇게 자라왔지만, 부모 교육이 없어도 이렇게 내가 살아온 걸 보면은 참 신기해요. 가정교육을 그렇게 많이 못 받고 어렵게 살았는데, 나도 모르게 가정교육이 배어 있는 거죠. 혼자 뭔가를 결정해야 하고, 무엇이든지 혼자 해결해야 하고. 무

엇이든 미리 다 생각하고 계획하고 결정하고요. 이런 게 몸에 배다 보니까, 누구한테 얹혀서 살거나 도움을 받아서 살아야겠다는 마음이 없어요. 자수성가해야겠다는 마음이 몸에 배어 있어요. 저도 모르게 그런 게 있나 봐요. 그러다 보니까 여기 와서도 살았고, 가정교육 없어도 막 흐트러지게 살거나 하지는 않았어요. 열심히 살았으니까, 또 할 만큼 하면서 살았기 때문에 후회되거나 하지는 않아요.

전: 자식을 낳을 때랑 안 낳을 때랑 다를까요?

김: 차이가 있는 거 같아요. 부모에 대해 생각하는 것도, 또 부모를 이해하는 점도 많고요. 부모가 됐을 때 책임감도 따르고 생각도 또 여러 가지로 많이 하거든요. 그리고 보면 중압감이라는 게 있어요. 물론 자식을 낳아서 열심히 다들 키우는 건 아니지만요. 대한민국 부모들이 아이들한테 무조건 올인해서 키우는 건 아니에요. 그렇게 안 키우는 사람도 많죠. 알아서 살라고, '될 대로 돼라.' 하는 부모들도 있고요. 모든 게 다 자기 몫인 거예요. 뭔가를 이루라고 하는데, 열심히 노력했는데도 안 되면 어쩔 수 없는 거예요. 열심히 안 한 사람이 나쁜 거지, 열심히 한 사람이 나쁜 건 아니잖아요. 열심히 했는데 안 된 거는 운명인 거예요. 여러 가지 고초를 다 겪다 보면 엄청 성숙해져요. 그때 돼서 또 다른 걸 하면 실패할 환경이 줄어드는 거겠죠. 내가 살아본 경험에 의하면요.

전: 일은 선생님께 어떤 의미일까요?

김: 일은 사람이 살아가면서 기본적으로 해야 하는 거죠. 일 안 하고 그냥 밥만 먹고 편하게 노는 것은 별 의미가 없어요. 소속감도 없고 나태해질 수 있는 그런 상태가 되면 안 되죠. 그러니까 나만의 일을 하면서 즐겁게 뭔가를 누리고 살아야죠. 부모가 해준 것만 받아 먹고, 잘 먹고 잘 살고 누리기만 하면 언젠가는 무너집니다. 자식한테 경영을 맡긴다고 제대로 되는 게 아니에요. 말아먹을 수도 있어요. 그렇게 되는 사람들도 많잖아요. 아무리 돈을 많이 물려줘도 그걸 가지고 잘 운영하지 못하면 그냥 무너지게 되는 거고요. 언젠간 그냥 망하게 되는 거고요. 사회에 그런 사람들이 많잖아요. 부자였다가도 망하는 사람들도 있고요. 열심히 한 거니까 실패를 하더라도 보람이 있는 거예요. 그 사람은 자기가 하고자 하는 거를 열심히 했으니까. 근데 열심히 안 한 사람은 나쁜 거지. 열심히 했는데 안 되는 사람은 운이 거기까지인 거죠. 동료들 중에서도 사회생활 하다 보면 책임감이 작은 사람들이 있어요. 그런 사람들한테 내가 뭔가를 가르친다고 해서 들을 사람이면 잘 살았겠죠. 근데 한두 번 얘기해서 안 들으면 얘기를 안 하는 편이에요 그 사람은 그렇게 살기로 마음먹었으니까. 근데 나는 그 사람이 다 나쁘다고는 생각 안 해요. 그런 사람들이 자기가 책임질 일을 안 하고 살든 저하고 상관없어요. 그 사람 나름대로의 가치관을 가지고 사는 거니까요.

전: 근데 같은 직장에서 동료가 열심히 안 하면 다른 사람들이 피해를 보잖아요. 혹시 그런 경우는 없었나요?

김: 피해를 보는데, 그게 또 집단생활이고 사회생활이에요. 피해를 볼 수도 있고, 또 내가 누구한테 피해를 줄 수도 있다고 생각해요. 또 그 사람의 부주의로 인해서 내가 또 피해를 볼 수도 있는 거고. 그렇게 상호작용을 하는 거잖아요. 그것도 인간이기 때문에, 완전 세밀하고 정확하지 않기 때문에, 실수도 날 수 있는 거예요. 그렇게 상호작용하는 거지. 그래서 굴러가는 게 사회죠. 똑똑한 사람들만 모아놓아도 무너지기도 하고, 맨날 싸우기도 하잖아요. 그 사람들만의 살아온 인생이 있고, 경험이 있고 하니까요. 내가 많이 알고 있다고 하지만, 그 사람들이 살아온 날이 더 많고, 우리보다 좋은 거 안 좋은 거 다 겪은 분들이니까, 배울 점이 더 많다고 생각해요.

전: 불합리한 말을 하거나 지시하거나 했던 경험은 있으셨나요?

김: 그런 거는 지금까지 못 봤어요. 불합리하다고 그러면은 그때 바로바로 얘기는 안 하고 기회가 되면 하는 편이에요. 그런 자리가 마련되고, 그런 분위기가 조성되고 얘기를 하는 편이에요. 그런 식으로 풀려고 하는 편이에요. 완만하게 풀어갈려고 해요. 그래서 기회를 봐서 담아두고 있던 것을 얘기해요. 그럼 또 받아주고 하니까요. 그 사람도 그렇게 생각 안하고 얘기했었는데, 서로 오해가 생긴 거죠. 그런 마음이 아니었다고 하고, 미안하다고 하고 그래요. 그래서 "섭섭한 거 있으면 미리 얘기를 해라."고 해요. 시키는 게 많을 수도 있고 더 챙겨주는 면도 있고 그래요. 내가 막내니까 다 저한테 시킨다고 생각하지도 않구요. 나를 챙겨주면서 요구하는 거는 당연하다고 생각해요. 말도 그

렇고, 일도 그렇고, 내가 부족하고 모르는 부분은 상사가 알려
줄려고 하고 그래요. '이렇게 저렇게 해봐라.'라고 하면서 조언
도 해요.

전: 팀에서 누구와 가장 친하세요?

김: 제 위에 사수가 있는데, 제일 친하죠. 한 7~8살 정도 형님이에
요. 또 다른 부서에도 저를 잘 챙겨주는 형님도 있고요. 먹을 것
을 잘 사준다기보다도 술자리 가서 좋은 얘기를 많이 해주는 형
님도 있고요. 그 형님이 두세 번 술 사면 저도 한 번 정도 사고
그래요. 그때 얘기를 많이 하고 그래요. 제가 어리니까 "네가 술
사라." 그러지는 않아요. 내가 거기에 또 따라갈려고 많이 노력
하는 것도 있고. 또 그렇게 안 하면은 그 사람들도 그렇게 해주
고 싶지 않겠죠. 그렇다고 깍듯하게 하지는 않아요. 부드럽게
그냥 지내는 편이에요. 그렇다고 반말로 대화하지는 않아요. 그
러니까 그런 선들이 무너지면 안 되잖아요. 너무 친근해져서 질
서가 무너지면은 안 돼요. 지켜야 할 선은 있어요. 내가 동생으
로서 선을 넘으면 도가 지나칠 수도 있어요. 그러면 안 좋은 일
이 벌어질 수 있는 거죠. 윗분들은 제가 잘 해줄 수 있는 거 해
주고, 또 내가 지켜줄 수 있는 거 지켜주고 하면 돼요. 또 형들
이 빠뜨리는 거를 내가 또 챙겨주고 하면 좋은 거죠.

전: 사수분하고, 다른 부서 분하고 친하다고 하셨잖아요. 그분들하
고 다른 분들하고의 차이점은 뭐예요?

김: 그러니까 인간적인 면이 참 좋더라구요. 얘기도 잘 통하고요.

사람마다 다 친한 게 아니잖아요. 같은 대학 같은 교수라고 해도 서로 다 달라요. 만나서 더 얘기하고 싶은 사람들이 있고 업무에 필요한 얘기만 하고 싶은 사람도 있고 그런 거예요. 사회생활이 그렇죠. '북에서 왔으니까 너는 이런 거 모를 거야, 넌 이렇게 해라, 저렇게 해라', 처음부터 그런 게 없었어요.

전: 북에서 온 거에 대해서 뭐라고 말씀하세요? 술자리 같은 데서?

김: 음식 같은 거 먹을 때는 가끔 물어보죠. "이런 거는 먹냐? 뭐 좋아하냐? 북에서는 어떻게 먹냐? 이런 요리도 하냐?" 이렇게 물어보면, 내가 알고 있는 범위 내에서 얘기해주고 그래요. 이제는 많이 물어보거나 그러진 않아요. 평등한 느낌이라고 할까요. 등급을 두고 있다든가, '너하고 나하고 이런 게 다르다.'고 한다든가 하는 느낌은 없어요. 그런 게 참 좋은 거 같아요. 고맙기도 하고.

전: 그 사수는 전공이 뭐예요?

김: 원래 전기를 전공했고, 수도과니까 수도에 관한 것, 물에 관한 것을 물어보죠. 여기 와서 이렇게 느낀 점인데, 살다 보면은 좋은 사람도 있고 나쁜 사람도 있고, 천차만별인 거 같아요. 특이한 생각을 하는 사람도 있구요. 어떤 생각을 가지고 살아가는가, 어떤 가치관을 가지고 살아가느냐가 중요하죠.

전: 선생님. 직장에서 이거는 꼭 지키면서 살아야겠다는 게 있어요? 예를 들면 '정직하게 일해야겠다'와 같은 거요.

김: 그런 거는 가지고 있어요. '정직해야 된다, 도를 넘지 말아야 된다, 바른 얘기를 해야 한다, 옳은 얘기를 해야 한다.'고 생각해요. 도 넘는 건 말이 안 되는 소리고요. 억지를 부린다든가, 되지 않는 거를 한다든가 하는 거는 말이 안 돼요. 회사마다 안 되는 게 있을 거예요. 그런 거는 그냥 예스하고 다 받아들이면 되고, 회사 문화에 맞추고 하는 편이에요. 왜냐면 나 혼자서 얘기한다고 해서 바뀌는 구조도 아니니까요. 그게 또 효율적이기 때문에 계속 그렇게 해왔고요. '아니다'라고 말하기도 어려운 거 같고. 애들 가르치는 교수도 마찬가지일 겁니다. 애들 가르치다 보면은 가르치면서도, '아, 이게 아닌데' 하면서 가르치는 부분이 있을 거예요. 대학이라는 곳에서 가르치는 내용을 보면 학생들한테 별로 도움이 안 될 수도 있는 걸 가르치는 부분도 있을 겁니다. 다 100% 맞는 거를 가르친다고는 생각 안 해요. 왜냐면 인간이라서 생각의 차이가 날 수도 있잖아요. 교수마다 성향도 다르고 하니까요. 자기한테 맞는 것만 할 수는 없잖아요. 예를 들어서 금융학과 교수들은 진짜 금융에 대해서 잘 알고 사회 트렌드도 잘 알고 하잖아요. 앞으로 시대가 어떻게 변할 건지, 어떤 걸 하면 돈을 잘 벌건지, 어떻게 하면 이자를 많이, 돈을 많이 불릴 수 있는지 알고 있잖아요. 그런데 까놓고 얘기를 하자면 채권을 하든 증권을 하든 다 실패를 본 사람들이 애들을 가르치고 있어요. 사람들이 그거에 대해서 얼마나 잘 알겠어요. 정말 자신감 있게 애들을 가르칠 수 있는 사람이 몇이나 될까요? 왜 힘들게 서서, 다리 아프게 서서, 목 아프게 크게 얘기하면서, 잘 들어도 주지 않는 애들한테 가르치는 걸까요? 대학교

에 들어왔으니까 배우는 거예요. 학생과 제자 사이도 마찬가지고요. 솔직히 은행에 있는 직원들이 돈의 흐름에 대해서 잘 알 것 같잖아요. 은행에서 대출 업무를 보니까요. 그런데 그 사람들은 그 업무만 잘하는 거지, 전체적인 흐름에 대해서는 잘 몰라요. 영업 사원들도 물건을 팔라고 하니까 파는 거고, 보험사들도 보험을 팔라고 하니까 파는 거구요. 솔직히 까놓고 말해서 그거를 확실하게 다 알고 상품을 파는 사람들이 대한민국에 몇이나 될까요? 대한민국 금융계 교수들도 마찬가지잖아요. 제자들한테 가르치는 게, '나도 옛날에 주식하다가 실패했다.'고 하는 경험담을 애들한테 가르쳐요. 그러면은 과연 그 애들이 거기서 무엇을 배워가지고 나와서 취업하겠어요. 그러니까 배우더라도 학생들은 자기만의 방법을 찾아야 하는 거예요. 은행 같은데 취직하면 고객들 대상(상대)하고, 대충해주고 이런 거만 하면 되니까, 있는 상품 있어서 팔면 되니까 그만이지 뭐. 은행 다니는 사람들요? 증권에 대해서 잘 몰라요.

전: 자기만의 방법은 어떤 식으로 찾을 수 있어요?

김: 그거는 자기가 그만큼 노력해야죠. 남과 다른 생각을 해야겠죠. 그러니까 내가 그 사람한테서 배울 점이 뭔지 파악해야죠. 대학생 입장에서는 학점을 받아야 하니까 대들지는 못할 것이고요. 배운 것을 그대로 써야 시험을 잘 볼 수도 있는 거구요.

전: 직장 내에서도 생각하고 노력하는 게 중요하다고 느끼나요?

김: 중요하죠. 그래야지 바뀌는 거고요. 내가 들어갔을 때 나만의

다른 점을 입혀야 바뀌는 거고요. 뭐 그런 게 많죠. 내가 '예' 하고 받아들이는 부분도 있어야 하고, 내가 창의적으로 생각해서 바꾸는 것도 있어야 하구요. 그러니까 그 사람을 이해해야 해요. 내가 그 사람을 알고 나서 그 사람의 말을 이해해야 해요. 그래야 '원래 저 사람은 그렇구나, 속은 저렇지 않은데 얘기를 저렇게 하는구나'라고 받아들여야 이해가 돼요. 이런 생각은 중요하죠. 그래야 갈등이 덜 쌓이죠. 나쁘다고만 생각하면 싸울 일만 쌓이는 거죠. 그 사람들을 '나쁘다, 좋다' 그렇게 생각하는 게 내 몫인 거고. 근데 사람이니까 다 실수는 하고 살아요. 계속 겪으면서 실수는 하거든요. 완벽한 인간은 없잖아요. 아무리 공부 잘하는 박사도 가끔 실수하잖아요.

전: 그렇죠. 그런 실수를 잘 받아들이는 편이세요?

김: 네. 받아들이는 편이에요. 사람을 죽이거나 사기 치고 하는 것들, 미친 사람처럼만 행동 안 하면 돼요. 그런 선에서의 실수는 누구나 해요. 열심히 하려다 보니까 실수도 하는 거라고 생각해요. 그러니까 이해해야 한다고 생각해요. 우리 사회 전반적으로도 그렇고. 좋은 상사가 될지 안 될지는 모르겠는데, 어떻든 내 생각은 그래요. 내가 생각하고 겪어 봤으니까 교육이 필요하고, 밑에 사람한테 도움이 됐으면은 또 좋은 거고요. '열심히'는 기본적으로 해야 하잖아요. 사람 나름대로 잘하는 게 다 있어요. 사람은 다 자기가 할 수 있는 거를 타고나요. 그거를 모를 뿐이에요. 근데 일을 시켜보면 어떤 것은 잘하고, 또 어떤 것은 잘못하고 그래요. 사람마다 다 달라요. 그러면 잘하는 것을 시키

면 돼요. 그래야 실수도 덜하죠. 또 한편으로는 인간이 좋아서, 인간적인 면에서 봤을 땐 참 좋아서 일을 시키는 경우도 있어요. 그러면 부족하더라도 그 사람이 잘하는 면이 있어요. 완전히 바보인 사람은 없어요. 물론 생각 없이 사는 사람도 있죠. 그러면 집에서 게임이나 하고 있어야죠. 뭐 하러 회사에 나옵니까. 그렇잖아요. 실수 한두 번씩 하고, 시행착오도 있는 거예요. 그런 것을 이해해야 한다는 거죠. 논문을 쓰는 것도 이런 방법이 있잖아요. 쓰다 보면은 힘들고 어렵죠. 그러면 '이렇게 해볼까, 저렇게 해볼까' 생각도 많이 할 거 아니에요. 논문이라는 게 솔직히 기존에 있던 연구를 바탕으로 결과를 취합하고, 거기에다가 내 좋은 아이디어를 입혀서 나만의 방식을 쓰는 거잖아요. 또 그대로 쓰면은 표절이 되는 거고. 자기 나름대로 해석하고 생각을 정리해야 논문이 되죠. 이 책 보고 저 책 보고, 많은 책을 본 것만 가지고 와서 조합하거나 베껴 쓰면 표절인 거예요. 그거 나쁘다면 또 나쁜 거죠. 근데 사람은 나름대로 어떻게 노력해야 하는지 다 알 겁니다. 다만 차이가 있는 거죠. 생각의 차이나 방법의 차이죠. 항상 좋고 나쁨은 공존해 있죠.

전: 그러면은 열심히만 하면 될까요?

김: 열심히 살다 보면, 자기가 하는 거에 열심히 10년 정도 투자하면 뭔가가 되어 있지 않을까요? 그런 사람은 잘 돼요. 대부분 자기 분야에서 자기가 하고자 하는 걸 10년 이상 하면은 그렇게 돼요. 근데 그걸 못 버티고 대부분 포기하니까 다 어렵게 되고 실패하는 거죠. 이겨내고 또 해보고, 또 해보고 해야 성공하죠.

쓴맛을 알기 때문에 계속 또 방법을 바꿔 보거든요. 생각을 달리 해봐요. 시간이 지나면은 그때는 몰랐던 것도 나중에는 알게 되고 하잖아요. 예를 들어서 고3 때는 왜 이런 생각을 못 했을까 싶었는데, 지나고 보면 다 알게 되는 게 있잖아요. 어릴 때는 왜 이 생각을 못 했을까 싶은데, 시간이 지나면 알게 되는 게 있죠.

전: 젊으신데 이해의 폭이 넓으시네요.

김: 젊다기보다 내일모레면 30살이에요. 젊다고 얘기하는 건 좀 그렇구요. 성인이 되고 10년이 지났네요. 그런데 저는 성숙이 됐다고 생각 안 해요. 내 자체는 완성이 됐다고 생각하지 않고, 계속 성숙하려고 노력하고 있는 거고요. 그렇게 되고 싶어서 노력하고 살고 있는 것뿐이지요.

전: 혹시 종교적인 신념이 삶의 태도에 영향을 미친 부분이 있나요?

김: 그런 것도 없지 않아 있죠. 지켜야 할 선은 넘지 말자는 것도 있구요. 종교적으로도 많이 듣고, 또 심적으로도 그런 태도를 갖고 있으니까요. '이렇게 살지 말아야겠다.'는 거는 교회에서 느끼는 것이구요. 성경에도 있는 내용이기도 하구요. 또 기준이 다 된다고는 말할 순 없는데, 그래도 영향을 미치는 게 있죠.

전: 은행에 적금을 많이 한다고 하셨는데요. 여행 같은 것은 별로인가요?

김: 여행은 못 다니는 것도 아니고, 시간 날 때마다 가는 거고요. 조

건에 맞게 다니는 게 여행이죠. 조건이 안 되는데, 능력이 안 되는데 계속 여행 다니고 놀 수만은 없잖아요.

전: 12개월 할부로 여행을 다니시거나 한 적은 없어요?

김: 그런 적은 없어요. 할부로 비행기 탄 적 없죠. 체크카드도 신용카드도 여러 장 있는데, 그렇게 막 쓰는 편은 아니에요. 경우를 대비해서 만들어 놓고는 있는데, 될수록 신용카드를 안 쓰려고 노력해요. 있는 예산 가지고 쓰고 그래요. 체크카드 가지고 생활하다가 정 부족한 것이 있으면 쓰는 거고요. 그래서 돈이 좀 남고 그러면 또 친구들이랑 어디 여행가고 놀러 가고 그래요. 남았을 때 쓰는 것은 아니에요. 딱딱하게 팍팍하게 살지 않는 편이에요. 돈도 어려운 친구가 있으면 빌려주고 그래요. 그렇다고 막 빌려주는 게 아니고요. 내가 딱 도와줘야 할 사람, 빌려줘도 되는 사람한테만 그래요. 그런데 여기 와서 돈을 빌려본 적은 없는데, 빌려준 적은 여러 번이 있어요. 재단에서 시행하는 공짜 프로그램이 있으면 그런 데도 자주 갔었고요. 교회에서도, 모임에서도 내가 전부 부담하는 게 아니니까 같이 다니는 편이에요. 친구들하고 다녀도 서로 경비를 부담하고 다녀도 좋아요. 그리고 미래에 대한 생각을 약간씩 더 하는 편이에요. 내 친구들에 비해서 그런 집착을 좀 하는 거 같아요. 미래가 항상 불안해요. 지금 일을 하고 있지만, 회사를 다니고 있지만, 어떻게 세상이 변할지 모르니까요. 그런 생각을 하고 이런 부분에 좀 민감하게 반응하는 편이에요.

전: 준비성이 많으시네요?

김: 준비성보다도 걱정이 많다고 해야겠어요.

전: 마지막으로 남한에서 태어난 분들과 정 같은 거를 느끼시나요?

김: 뜨거운 감정 같은 게 있더라구요. 어려운 일이 닥치고 급한 상황이 오면은, 어떤 사람은 자기 목숨도 막 던지고 하잖아요. 자기가 위험한 줄 알면서도 헌신하는 그런 사람들 보면 대단하다고 생각해요. 그런 사람들 보면 '아직 우리 사회가 살아서 숨쉬고 있구나.'하는 느낌이 들어요. 그래서 '이 사회가 돌아가고 있구나.'하고 느껴요. 이 따뜻함, 뭉클함이 있잖아요. 다른 사람을 위해서 헌신하는 것, 예를 들어서 세월호 때 교사나 잠수부도 그랬고요. 자기가 죽는 거 알면서도 다른 아이한테 옷 입혀주는 학생 애들도 있었잖아요. 어린데도 생각의 차이가 있더라구요. 그럼으로 인해 지금의 사회가 이루어지고 따뜻한 기운이 퍼지는 것 같아요. 그래야 '사회가 살아서 숨쉬는 구나, 뜨겁구나.'하고 생각이 들겠죠. 그렇다고 '이 사람은 뜨거운 사람이다.'고 느낀 적은 별로 없어요. 그냥 좋은 사람들이다, 어울리기 편한 사람이다 이 정도요. 나 같지 않은 사람들도 많을 거예요. 불이익을 당한 사람들도 많을 거고. 무시당하는 사람들도 많았을 거고, 같이 일하면서 무시 많이 당했을 거예요. 그런 면에서 보면 내가 복이 있는 사람이라고 생각해요. 북에서 왔다고 하더라도 본인이 어떻게 노력하고 다른 사람들에게 어떻게 보이느냐에 따라서 달라지잖아요. 내가 노력하면 그 사람들도 나를 대하는 태도가 달라지고, 나에 대해서도 생각이 달라질 수도 있어요. 물론 모든 것이 다 좋게 돌아갈 수는 없지만요. 그렇다고, 무작

정 무시만 하는 것도 아니잖아요. 내가 북한에서 와서 사투리 쓴다고 뭐라고 하는 사람 없어요. 회사에서 나한테 "왜 그렇게 말하니?" 이런 사람 없어요. 이것도 한편으로는 복이죠. 대한민국에도 수많은 사투리가 있어요. 경상도 사투리, 전라도 사투리, 충청도 사투리, 뭐 경기도 사투리 등. 그런 것처럼 내가 함경도에서 태어났으니까 함경도 말을 쓰는 거잖아요. 그렇게 이해하면 돼요. 말의 차이가 있는 건데, 이런 걸 가지고 외계인 보듯하는 사람들이 나쁜 거죠. 잘못된 거예요. 열심히 살아가겠다고 하는 사람들인데 왜 나쁜 겁니까? 그런데 여기 와서 이방인 취급 받으면 얼마나 아프겠어요. 상처도 많이 받을 거고. 그냥, '말투가 조금 다를 뿐이구나.'라고 이해해주시면 됩니다. 여러 나라 사람도 다 살아온 환경이 다르잖아요. 그 다른 것 중 하나가 사투리인 거예요. 그게 생각의 차이고, 얘기하는 차이고, 바라보는 시선의 차이인 거죠. 그러니까 지금 같이 살아가고, 똑같은 일을 하고, 똑같은 사회 구성원으로 살아가고 있는 것이 중요하죠. 어디서 태어났는지, 억양이 다르니까 무시한다든지 그러면 안 되잖아요. 처음에 이렇게 왔을 때는 많이 고쳐가지고 얘기를 하면 모르는 사람들도 많았어요. 친구들 만나고 가끔 지인들 만나다 보니까 북한사투리를 쓸 수밖에 없어요. 친구들 만나는데, 서울말을 쓰는 것도 좀 불편하거든요. 고향 말을 해야 이야기가 또 빨리 진행되고 하니까요.

전: 홍 선생님 만나셨을 때 그러셨잖아요. 북한 사람 만나면 말투가 바뀐다고요.

김: 회사 나가고, 서울 생활하면 표준말을 썼어요. 그런데 고향사람들과 만나서 얘길 하다 보면 꼭 사투리가 튀어나와요. 계속 그렇게 되는 거예요. 거기 가서 특이하게 서울말 쓰면 또 이상하잖아요, 고향사람 만났는데 친근감도 떨어지고요. 그러다 보면 또 도루메기(도루묵)가 되잖아요. 나중에 대전이나 가서 아는 형 만나 얘기하면 처음에는 몰라요. 나중에서야 "아, 너 북에서 왔냐?"고 그러지. "고향이 강원도냐?"고 그러기도 하고. 오랜 시간 떨어져 있다가 그러면 괜찮겠는데, 자주 만나면은 또 서로 고향말을 쓰고 하잖아요. 그러다 보면 서울말로 돌아오는 데 시간이 또 걸려요. 적응하는 데 또 시간이 걸리고. 지금도 어차피 계속 사투리를 쓰고 얘기하잖아요. 느껴지시죠? 그런 용어들이 아마도 있으니까 차이가 나는 거죠. '금방'이라는 말도 북한에서는 '이자'라고 하거든요. 이런 단어에 차이가 있어요. 억양도 그렇구요. 좀 세다고 해야 할까요? 거기에서 20년을 살다 보니까 익숙한 단어들이 있잖아요. 저도 모르게 튀어나오는 단어가 많아요. 근데 그런 거를 막 다 바꾸기는 어렵고요. 근데 바꿔야 한다는 특별한 이유도 없고요. 그렇게 생겨 먹은 사람인데, 그걸 자꾸 바꿔서 살라고 하니까 어렵죠. 왜 그렇게 살아야 하는지도 모르겠고요. 바꾸지 않아도 의사소통되고, 이야기 통하고 하잖아요. 똑같은 말을 안 한다고 해서 틀린 것도 아니고요. 이거는 잘못된 거예요. 사투리에 불과한 거예요. 이해하면 되는 거를, 다른 말이 아니라 틀린 말이라고 하는 것은 아니잖아요. 이방인 취급, 외계인 취급하면 안 되는 거잖아요. 외국인이 와서 영어 쓴다고 쫓아내야 될 건 아니잖아요. 동남아 사람 불러가지고,

"왜 니네 나라 말 쓰냐?"고 뭐라 할 수 없잖아요. 그저 같은 하늘 밑에서 살아가는 것이니까 좋으면 좋고, 안 좋으면 안 좋은 것이고. 다른 것을 좋게 받아들일 수도 있는 거잖아요. 특이하니까 재밌게 들을 수도 있고요. 그래서 관심 있으면 배우면 되고요. (끝)

인터뷰를 마치자 어두컴컴한 밤이 되었습니다. 인터뷰 내내 그가 서른 살인지, 아니면 나보다 훨씬 젊은 것이 맞는지 재차 확인했습니다. 그는 내가 만난 한국의 서른 살 청년들과는 사뭇 다른 어른 같은 느낌을 주었기 때문입니다. 저는 다음에 한 번 더 만나달라고 요청했으나, 그는 할 말을 다 했다고 손사래를 치며 거의 도망가다시피 했습니다. 그와의 인터뷰는 이렇게 끝이 났습니다.

곽상인 노트: 강직하고 뜨거운

　김치수는 전주람 박사의 질문에 대체적으로 짧게 대답했다. 인터뷰하는 것 자체에 대한 부정적 반응이라기보다 그의 성격이 무뚝뚝한 편이라서 그랬으리라 생각한다. 답변이 간결한 탓에 질문이 많아져서 대화가 끊기는 감이 있었다. 그래서 김치수의 답변과 전주람 박사의 질문을 여러 개로 모아 하나의 질문처럼 길게 만들었다. 그 덕분에 대화의 형태가 구색을 갖추게 되었다.

　사실 자신의 이야기를 낯선 누군가에게 털어놓는다는 것이 어디 쉬운 일이겠는가. 그렇다고 해서 전주람 박사가 던지는 질문에 비협조적으로 답하거나 핵심을 비껴가거나 에두르는 때는 없었다. 김치수는 질문에 자주 '예'라고 반응할 때가 많았고, 자신의 상황을 진술할 때에도 중간에 '예'를 굳이 넣어 말을 정리하기도 했다. 간결하게 답변하는 모습을 보며, 북한의 문화가 몸에 밴 탓이라 생각했다. 그래서 인터뷰를 형식적으로 한다고 느꼈다. 물론 시간이 지날수록 조금씩 말을 늘려나갔다.

　대화록을 정리하면서 김치수가 매사에 진지한 태도를 보이고, 정직하게 살아온 사람이라 생각했다. 공짜를 바라지 않고, 땀을 흘린 후 그에 상응하는 대가를 받는 사람 말이다. 남한에 내려와서 말투 때문에 상처를 받는 상황에서도 이를 대수롭지 않게 수용한 것은 그의 인품이 유연한 덕분이라 하겠다. 직장에서 일하는 자세라든지, 동료와 어울리는 태도에서도 김치수는 가볍지 않아 보였다. 할 말은 아껴두고 상대방이 기분 나쁘지 않게, 그러나 할 말은 정확하게 하는 강직함도 갖추었다. 어떻게 해서든지 남한에서 살아남아야 한다는 생각과 의지를 대화에서 많이 보여주었다.

김치수는 종종 '우리'라는 표현을 써, 나를 헷갈리게 했다. 그러니까 '우리'라고 할 때 그 구체적 대상이 남한인지 북한인지 애매모호할 때가 있었다. 그러면 맥락을 파악하여 둘 중 하나를 잡아 활자화시켰다. 예컨대 북한을 "거기"라고 하면서도 다른 대화에서는 "우리"라고 하고, 또 남한을 "여기"라고 하거나 "우리"라는 말 속에 포함시켰다. 김치수의 정체성이 흔들리는 표현이라고 읽을 수도 있겠으나, 나는 한편으로 '어차피 통일을 염두에 둔다면 결국 '우리'가 될 것이 아니겠는가'라고 생각했다.

강직한 열정으로 남한사회에서 살아가는 김치수. 그의 마지막 인터뷰 내용에서 확인이 되듯, 우리는 북한이주민을 동남아시아 사람보다도 못하게 대하는 것은 아닌지 반성해야 한다. 같은 민족이지만 언어와 억양이 다르다는 이유로 북한이주민을 폄훼하고 평가 절하하는 편협한 태도는 이제 지양해야 할 때다. 그들을 바라보는 보다 세련된 시선이 필요하겠다.

김지일 노트: 글로 만난 북쪽 형님, 김치수

　주인공의 이야기를 들으면서, 그의 정체성을 받아들이는 과정이 특히 인상 깊었습니다. 그는 스스로를 북한 출신이라고 당당히 밝히지만, 그 이면에는 복잡한 감정들이 얽혀 있는 것 같습니다. 어린 시절의 가정환경이 그에게 깊은 상처를 남겼고, 이를 극복하기 위해 형성한 자립심은 그의 삶에 지대한 영향을 끼쳤을 겁니다. 이는 직업에 대한 강박관념으로 나타나는 듯합니다. "성인이 된 순간부터 일을 하지 않고 노는 것은 인간으로서의 구실을 하지 못하는 것이다."라는 그의 말은, 일에 대한 강한 집착과 동시에 내면의 불안감을 드러내는 것처럼 보입니다.

　많은 북한출신분들이 자신의 처지를 잊고 살아가는 경우가 대부분입니다. 그들 역시 같은 배경을 지녔음에도 불구하고, 북한출신에 대한 부정적인 감정을 품고 있는 모습을 보이는 것은 아이러니한 일입니다. 자신도 북한 출신임에도 불구하고, 다른 북한 출신을 차별하고 거리를 두는 태도는 그가 겪은 심리적 갈등을 반영하는 것일지도 모릅니다. 이는 남한 사람들에 대한 우상화와 더불어, 북한 출신 사람들을 차별하려는 경향으로 나타나며, 이러한 현상은 대부분 북한출신분들에게서 나타나고 있다는 것이 안타까운 현실입니다. 이는 더욱 복잡한 정체성의 문제를 야기합니다.

　"껍데기 속 본질에 집중하라."는 말처럼, 우리의 본질은 외부의 환경이나 타인의 시선에 의해 지워지지 않습니다. 오히려 자신의 뿌리를 받아들이고, 그 위에서 새로운 길을 찾아가는 것이 더 현명한 선택일 것입니다. 주인공의 대화에서 느껴지는 내면의 갈등은 그가 여전히 자신의 출신과 정체성을 완전히 수용하지 못하고 있다는 신호로 읽힐 수 있습니다.

그가 부모와 이별과 사랑의 결핍으로 인해 겪었던 고통은, 개인적으로 마음 아픈 부분입니다. 자녀에게 같은 아픔을 주지 않도록 노력해야 한다는 생각은, 자신의 과거를 돌아보게 하는 계기가 됩니다. 결혼과 이혼, 그리고 자녀를 부모에게 맡기는 모습은 결혼생활에서 극복해야 할 많은 과제와 책임을 엿볼 수 있게 하는 것 같습니다.

결론적으로, 이 분은 일에 모든 가치를 두고 있는 듯합니다. "일하지 않는 사람은 올바른 사람이 아니며, 그 삶은 잘못된 인생이다."라는 그의 생각은, 아마도 그가 겪은 내적 갈등과 깊은 연관이 있을 것입니다. 오늘의 고백을 통해 그는 자신도 몰랐던 자신의 내면을 성찰할 수 있기를 바라며, 이는 우리 모두에게도 삶을 성찰할 기회를 제공했다고 생각합니다. 인간에게 노동은 삶을 지속하기 위한 필수 조건이며, 그 결과로 생성되는 돈 역시 현대 사회에서 불가피한 현실입니다. 그러나 인생을 노동과 그 성과로만 규정짓기보다는, 일과 가족, 여가 등 다양한 삶의 요소들 사이에서 균형을 이루는 것이 진정한 행복의 조건이 아닐까라는 생각을 해봅니다. 우리의 삶이 단순히 생존의 도구로 축소되지 않고, 보다 풍요롭고 깊이 있는 인간다움을 향해 나아가는 삶이기를 소망해봅니다.

2

그래도 밥벌이하니 감사하죠

가명 : 박상철(55세), 컴퓨터강사

● ● ●

고등학생 아들과 둘이 오붓이 지내고 있습니다. 어찌하다 보니 그렇게 됐습니다. 누군가를 만나면 좋겠지만 잘 모르겠습니다. 사는 게 바빠서. 결혼하고 싶기는 한데 잘 안 됩니다. 고향에서 교수로 근무했는데 여기 와서 성에 차겠습니까. 나름대로 자격증이란 자격은 다 따고 컴퓨터 선생으로 자리 잡았죠. 여기서 누가 제 경력을 인정해 줄까요?

어렵게 취직해서 일해 보니 여기 사람들 농질 삼아 툭툭 던져지는 한마디, 한마디가 가끔에 비수가 돼서 꼽힐 때가 있죠. 어쩌겠습니까. 실력이 있어도 북한 사람 무시하는 거 이해하죠. 또 일부러 그러는 건지 아닌지 모르겠지만. 참 여기 사람들 냉정하고 정 없대요. 뭐 그것도 제 생각일 수 있겠죠. 그래도 밥벌이 하니 감사하죠. 에라, 모르겠습니다. 뭐 궁금한 거 있소? 다 물어보소.

첫 번째 만남

인터뷰어: 전주람(이하 '전'), 질적연구를 공부하는 석사과정생 2인 참관
인터뷰이: 박상철(가명, 이하 '박')
인터뷰 일시 및 장소: 2017년 11월 18일(약 2시간), 양천구 아파트 내 공가
초고 완성 및 북한 관련 내용 감수자: 김지일
내용 구성 및 정리: 곽상인

●●●

저는 참관자 두 명과 서울시립대학교에서 출발했습니다. 이 둘은 대학원생
(남, 2인)으로 인터뷰 참관을 통해 공부할 목적이었습니다. 마치 여행을 가듯
설레고 즐거웠습니다. 차 안에서 논문을 쓸 건지, 여자친구는 사귈 건지, 이제
장가 갈 준비를 해야 하는 것 아닌지, 또 진짜 연구가 재미있는지 서로 이런
저런 질문들을 주고받으며 신호등에서 대기하고 있었습니다. 그때 문자 한 통
이 왔습니다. '공가에 준비해 두었으니 8동 901호로 오십시오.' 저는 학생들
에게 공가가 뭐냐고 물었습니다. 처음 듣는 단어였습니다. 나중에 알았지만,
임대주택은 저마다 공가가 있다고 했습니다. 빈 아파트라는 뜻이었습니다. 뭔
가 불편할 것 같았습니다.

최 선생님(박상철의 지인이자 이 책의 네 번째 주인공)이 마련해 주신 임대주
택 안의 '공가'에 도착했습니다. 임대주택은 저마다 '공가'(빈 아파트)가 있다고
했습니다. 그 공간의 벽지는 모두 뜯겨져 있어 시멘트 가루가 날릴 법했습니
다. 인터뷰를 위해 책상을 마련해 주셨습니다. 요청하지도 않았는데, "박사님,
편하게 인터뷰하고 쓰세요."라고 하셨습니다. 그래도 마음 써 주신 것이 감사
해서 다른 장소로 옮길 수는 없었습니다.

전: 일단은 한국에서 적응하시는 데 시간이 많이 걸릴 것 같아요. 남한 출신 사람이랑 처음에 일하게 되셨을 때, 어떤 느낌이 드셨어요? 불편한 점이 있었다거나, 여러 가지 생각이 드셨을 것 같은데요.

박: 남한 분들이라고 해서 불편한 것은 없었고, 그냥 편하게 가깝게 다가갔어요. 배우는 입장이니까, 무엇이든지 배우겠다는 마음도 있었구요. 그래서 편안한 마음으로 일을 시작했어요. 조선인들 속담에 '누구는 장난삼아 돌을 던져도 개구리는 생사가 걸렸다.'고 하잖아요. 농질 삼아 툭툭 던지는 한마디가 비수가 돼서 꼽힐 때가 있었죠.

전: 혹시 그 비수가 꽂히는 사례 같은 거 말씀해 주실 수 있을까요?

박: 언어가 그래요. 북한 사투리가 나오면 가끔 따라서 해요. 근데 상황에 따라서 그게 즐겁게 농질로 들릴 때도 있지만 상황에 따라서는 야로(비웃음이나 놀림감)로 들릴 때도 있죠. 근데 그분들은 그걸 모르거든요. 늘 그렇게 해 왔으니까요. 그 사람이 어떤 마음으로 그 말을 던지는지 잘 모르겠지만, 가끔은 야로하는 느낌이 들어요.

전: 그럴 때 따지거나 하지는 않아요? 기분 나쁘다고 표현을 한다거나요.

박: 네, 가끔은 하죠. 가끔 회식 때도 그러잖아요. 그 자리에서 한 번씩 그냥 조용히 지나가는 식으로 북한 사람에 대해서 얘기하는데, 그게 반복되면 현장에서 충돌도 생기죠. 막 소리 지르고

했어요. 그러면서 저는 "상대방 입장에서 생각해보자."고 해요. 대개 한국 사람들이 북한 사람을 생각하면 편견이나 선입견이 있어요. '성격이 이렇다, 이미지가 그렇다.'고 평가해요. 어떤 분들은 힘들게 왔으니까 편하게 대해주자고 해요. 마음속으로 그런 분들도 있어요. 성격 나름이니까. 그렇지 못한 사람들도 있는데, 일단 대화를 하고 나면 자기가 옳았니, 옳고 그름을 떠나서 생각이 짧았다느니 그래요. 그러면서 서로 잘 풀고 있어요.

전: 허심탄회하게 말씀하시는 편이네요?

박: 그렇죠. 한 번씩 충돌하고 나면, 계속 또 안고는 못가요. 그래서 같이 얘기도 하고 그래요. "같이 이런 의견들을 서로 얘기합시다." 그래요. 같은 사무실에서 일을 해야 하는데, 이러면 오래 못가니까요. 그래서 지금 얘기하자고 해요. 그래서 서로 불편한 것을 해결하고, 얽힌 것을 풀리기도 하고 그래요. 가끔 못 알아들을 때도 있고 그래요. 첨부터 다 알아듣지는 못하니까. 한국 사람들도 대학 나오고 잘 배웠다고 해도 현장 나가면 어렵잖아요. 한국 사람들이 현장에서 못 알아듣는 거 하고, 우리가 현장에서 잘 못 알아듣는 거하고는 달라요. 무시가 대단해요. 나는 직접적으로 겪어보진 못했는데, 우리 탈북민들이 대학교에서 겪었던 얘기를 들어보면 내가 겪은 것보다 심한 것이 많더라구요. 그래서 난 그저 "처음에는 서로 모르니까 상처주고 상처받고 하지만은 통상적으로 자주 이야기를 해라."고 해요. 그러면은 이해도 하고, 알아줄 건 알아주고, 지켜줄 건 지켜준다고 생각해요. 백 프로 다 그럴 수는 없어도 어느 정도는 해결이 돼요.

전: 어투가 다르긴 하네요. 어린 친구들은 언어를 더 빨리 배우더라구요. 연세 드신 분들은 계속 억양이나 사투리가 남아 있으니까요.

박: 티가 많이 나요. 나이가 있는 분들은 그 말을 고치려는 생각을 안 해요. 젊은 친구들은 아무래도 젊으니까 새것에 민감한 면이 있어요. 나는 40~50대 분들을 보면 언어를 배우려는 생각이 없어요. 그냥 살던 대로, 보여지는 대로 살려고 해요. 열심히 해서 내가 노력한 만큼 대가를 바라지도 않구요. 애들처럼 언어를 기억하고 따라 하고, 배울 생각도 안 하는 것 같구요. 어린 친구들은 추세가 그런 걸 파악하고 빨리 본받으려고 하는 것 같아요. 남한테 피해를 안 주려고 노력하고, '열심히 살면 그게 답이다.' 하고 생각하는 것 같아요.

전: 생각이 다르네요? 컴퓨터라 그러면 뭐를 많이 알려주세요? 워드, 엑셀, 파워포인트 이런 거 알려주시나요? 그럼 강사로서 강의도 하시고요?

박: 네. 사무 행정도 하고 HRD 홈페이지도 하고 그래요. 일하다가 학생들에게 농질 삼아 "북한 말이다."라고 그래요. "앞으로 통일이 되면 너도 알고 나도 알고 할 것들이니까." 그래요. 그렇게 농질 삼아 해요. 두려움이 있으니까 그래요. 더군다나 연평도 포격사건도 있었고. 그 사건에 대해 안 좋은 감정을 가진 남한 분들도 많고 하다 보니까 두려움이 있어요. 겪어보지 않은 사람들은 모르지만은. 일단 겪어 본 사람들은 그런 것에 대한 두렴이 좀 많거든요. 내가 하는 일이 한국 사람도 북한 사람도 들을 수 있는 것이니까. 현재까지도 분한 분들이 많은데, 거기에 대해서,

내가 그걸 두려워해서 내 신세를 숨기고 싶지는 않아요. 그냥 내 말투 보고 "북한에서 왔어요?" 그러면, "네." 하고 말아요.

전: 직장 환경이 북한과 남한이 다른가요? 예를 들면 남한 사람들은 정이 없다고 하는데, 정말로 그런가요?

박: 북한에서는 취업하는 데 애타거나 하지 않아요. 일단은 국가에서 배치하는 대로 취업을 시켜주니까. 여기에서는 취업에 성공하기가 심각하잖아요. 또 자기가 잘못하면 후배나 선배들한테 자리를 내줘야 하는 상황이고요. 이러다 보니까 자기가 아는 이미지에 대한 것을 안 알려주는 조직들이 많잖아요. 게다가 용어가 다르고 새로운 것도 많으니까요. 그런 데 대해서 고생을 하는 분들이 많아요.

전: 잘 안 알려줘요? "나도 고생해서 배웠으니, 너도 고생 좀 해봐라." 이런 심보일까요?

박: 그런 것들이 있죠. 나한테 "너 자격증 있잖아? 자격증 따고 그것도 몰라?" 그래요. 근데 현실적으로 자격증을 현장에서 실지로 필요한 것이 몇 곳이나 될까요? 얼마 안 돼요. 나도 한국에 와서 자격증 열댓 개 땄는데 그게 현실적으로 필요하거나 바로 실무에 적용되지 않아요. 북한은 경쟁이라기보다 다 함께 가자는 주의예요. 북한은 사회 자체가 집단주의니까요. 자본주의와 개인주의하고는 차원이 다르니까요. 그다음에 농담 삼아 말하는 소리지만, 자본주의는 부모가 없어도 살지만, 돈 없이는 못 사는 주의라고 해요. 그러니까 돈에 대한 가치가 너무 강하니까. 너

남 없이. 현실적으로 돈 없으면 집에서도 쫓겨나야 되잖아요. 제 집 아니면. 힘든 사람들이 임대주택에서 많이 사는데, 한국 사람도 힘든 사람들은 임대주택에서 살다가 3개월 정도 임대료가 밀리면 강제 추방당하잖아요. 그런 것들이 현실적으로 북한에서는 제가 살던 집에서 쫓겨날 일은 없거든요. 배부르게 못 먹고 살아서 그렇지, 임대료 때문에 쫓겨날 걱정은 안 하고 살거든요. 잘 사는 사람들도 여기처럼 돈주머니를 복대에 차고 다닌다고 해서 잘 사는 것도 아니잖아요. 그저 굶주리지 않는 이상은 이웃끼리 재미있게 사는 사람들이 많죠. 여기 남한에서는 이웃끼리 재미나게 사냐고 물어보면 몇 명이나 되는지 모르겠어요.

전: 북한에서는 많이 나누며 산다고 들었어요.

박: 저녁이면 서로 땅바닥에 앉아서 잡담하고 훈수도 들고, 그러다가 자기도 하고 그래요. 그런데 여기서는 그런 게 전혀 없잖아요. 인정미라고 해야 하나? 그런 게 없어요. 사람 간에 향취라고 해야 될까, 그런 건 북한이 좋죠.

전: 돈에 대한 생각은 바뀌셨나요?

박: 그러니까 '한국 시스템이 발전됐구나.' 하는 생각은 해요. 돈을 크게 받거나 월급을 받으면 가슴 벅차고 설레고 하는 것은 없어요. 그냥 '사회가 발전되긴 발전됐다.'고 생각할 뿐이에요. '여기서는 현물로 오가고 하는구나.' 정도로. 시스템으로 그렇게 만들어진 거잖아요. 현금이 생기면 와이프한테 주는 거죠. 필요한

것들 있으면 사라고 줘요. 저는 주머니에 조금만 넣고 다니죠.

전: 직무의 강도랄까요? 일하시는 것은 어때요? 힘드실까요? 견딜만
하신가요? 학생들은 많으세요?

박: 상황마다 달라요. 힘들 때도 있고, 힘들지 않을 때도 있고. 어딜
가나 힘든 일 있고, 그렇지 않은 일 있잖아요. '한국 땅에 사는
사람 중에 힘들지 않은 사람이 어디 있겠냐'고 질문하곤 해요.
그냥 다 힘들게 사는 거죠. 저도 일을 하면서 스트레스 받을 때
고 있고요. 살아가면서 혼자 살 때 힘들고 하죠. 그러면 다른 분
들하고 소통하고 정보도 교환하면서 풀어야죠.

전: 어떤 면에서 힘든 요인들이 많나요? 인간관계일 수도 있고, 행
정적인 일일 수도 있구요.

박: 학생들을 상대하다 보면, 학생들이 나한테 선입견이 있어요. 누
구는 잘 가르쳐주는데, 누구는 안 그렇다고 하고요. 학생들이
선생님들한테 쓸데없는 질투를 막 하잖아요. 나이에 관계없더라
구요. 선생님들한테도 인정받고 싶고 그래요. 진도를 빠르게 나
가는 사람도 있고, 느리게 나가는 사람도 있어요. 그런데 여기
남한 사람은 딱 수업 끝나면 그냥 끝이에요. 수업 시간에도 몰
라서 여러 번 물어보면 힘들어하죠. 그런데 나는 교육자라면 다
같이 시간되는 것만큼 가르치고 배워야 한다고 생각해요. 내가
허락할 수 있는 만큼, 또 학생들이 배우겠다는 의지가 있는 만
큼 서로 도우면서 배우고 가르치고 해야죠.

전: 학원에 선생님이 몇 분이 계세요?

박: 한 네댓 명 정도 있고, 외부 강사들 서너 명 있고 그래요. 원장이 있고요. 원래 거기가 사단 법인이었어요, 밑에 부장도 있고요. 컴퓨터 전문학원, 정보시스템이죠. 그러니까, 거기서 사무행정, 전산회계, 컴퓨터활용, IT 쪽이 있죠.

전: 그러면은 북에서 오신 분 선생님 한 분이세요?

박: 둘 있었어요.

전: 누가 선배세요?

박: 그분이 선배죠. 서로 모르는 것들은 더해주고 또 그분이 모르면 제가 알려주고 그래요. 서로 뭐 알려주고 하는 관계죠. 처음에는 이래저래 충돌도 있고 했지만 종국에는 다 괜찮게 흘러가서 좋아요. 시간이 될 때, 회식할 때 속에 있는 소리를 하고요. 지금은 융화돼서 서로 같이 거리감 없이 잘 지내는 사이입니다.

전: 그 학원에 몇 년 근무하셨어요?

박: 5년 정도요. 운영하려면 자금이 필요하니까, 그것은 어렵고요. 구태여 그렇게까지 하고 싶지도 않고. 그냥 뭐 컴퓨터 분야는 다른 것하고 좀 다르니까, 그리고 행정업무 같은 거는 내가 웬만한 사람보다는 잘할 수 있지 않을까 하는 자부심도 있고요.

전: 처음에 남한 분들이 선생님을 어떻게 대해주셨어요?

박: 처음에는 경계심을 가졌다고 해야 할까? 처음에는 머리도 스포츠머리를 하고 갔어요. 북한에서도 그랬는데, 여기 와서도 스포

츠머리를 했거든요. 그러다가 학교 들어가면서, 스포츠머리만 하니까 너무 강해 보여서 좀 기르고 했죠. 연령대에 맞게, 나이게 맞게. 그분들도 나름대로 나한테 어려워하는 부분도 있고 그랬다 하더라구요. 후에 하시는 말씀들이 그렇더라구요. 북한 사람들에 대한 편견도 있었고. 통일에 대한 것도 그렇고. 서로 처음이니까 서먹서먹했죠.

전: 북한에 대해 주변분들이 많이 물어보세요?

박: 그분들도 처음에는 저한테 뭔가를 묻고 싶어도 내가 어떤 태도를 취할지 모르니까 잘 묻지를 못했죠. 나중에 친해져서 몇 가지 물어보는데, 내가 대답할 수 있는 수준에서는 대답하고. 대답하기 싫은 문제는 노코멘트하고 그랬죠. 예민한 문제들이 있는 거는 "대답하기 쉽지 않다."고 했고.

전: 남한 사람이랑 일하면서 도움 받은 부분이 있으셨나요?

박: 아, 도움이 당연히 되죠. 아무래도 한국 분들하고 일하면 도움되는 분도 많아요. 언어적으로도 그렇고, 컴퓨터를 배우면서도 외래어나 한국 외래어가 많으니까요. 인터넷으로 모르는 것을 찾아서 볼 수도 있지만 찾아볼 수 없는 언어들도 있어요. 최근에 생긴 말들은 사전에도 없잖아요. 전문 용어도 마찬가지구요. 뉴스 듣다가 이해가 안 되는 용어나 문제도 있으면 나가서 물어봐요. "뉴스에 이런 것들이 나왔는데, 이게 무슨 소리냐?" 그래요. 그러면 이렇다 저렇다 얘기해주고 그래요. 사회에 대한 인식을 하는 데도 그분들하고 이야기하면 도움이 돼요. 한국 분들

하고 소통하면 도움이 되죠.

전: 북한 분들이랑 있을 때가 더 편하신가요?

박: 남한 사람들과 처음에 서로 알기 전에는 아무래도 북한 분들이
편하죠. 한국사람은 잘 모르겠어요.

전: 생각의 차이나 가치관의 차이 같은 것을 느끼신 적 있으세요?

박: 네. 생각의 차이는 금전적 차이에서 많이 발생해요. 이게 북한
하고의 차이라고 해야 될지 모르겠지만은, 나는 직장 생활을 하
면 같은 식구라는 생각이 있어요. 그래서 네 할 일, 내 할 일을
따지지 않고, 내가 시간이 되면, 일거리가 눈에 띄면 그냥 하는
거예요. 물건이 저기에 있어야 하는데, 이상한 데 있으면 내가
올바른 곳에 갖다 놓기도 하구요. 보기 싫은 것을 치우기도 하
구요. 그래서 서로 치워주고 들어주고 그래요. 그런데 한국출신
사람들은 자기 일 아니면 잘 안 해요. 그리고 짬짬이 학생들한
테 시간을 내서 더 가르쳐주려고 해요. 원장님한테 "학생들이
더 배우고 싶어하니까 교실에다 몇 명 남도록 했다."고 얘기해
요. 그러면 저는 시간을 일부러 빼서, 학생을 가르치죠. "왜 그
렇게 힘들게 일하냐?"고 해도, 저는 월급 안 따지고 그냥 해요.

전: 그러니까 공동체 의식이 좀 다르네요. 선생님도 좀 지내면서 바
뀌시나요? '나도 내 할 일만 하자.'라는 식으로요.

박: 같은 생활을 하다보면 남이 할 일을 내가 대신 해주는 것도 있
어요. 그런데 한두 번은 치워주지만 지저분하게 맨날 그대로 놔

두면 저도 싫어서 안 해요. 그럴 때 그냥 "깨끗이 합시다, 이거 치울 건 치우고 삽시다, 네 자리가 아닌데 여기 지나다니는 게 불편하지 않냐?" 이런 식으로 말해요. 처음에는 들어가서는 선후배를 따지고 그러잖아요. 한국은 특히나 그래요. 그게 정말 너무 도를 넘을 때가 있어요. 후배들이 선배 뒤만 닦아줘야 한다는 말은 없잖아요. 그러면 "나는 싫다."고 표현하죠. 이런 게 너무 강해요. 원칙적으로 강하다면 모르겠는데, 괜히 "내가 선배니까 너는 복종해야 해." 이런 식이더라고요. 그거는 안 되죠. 먼저 들어왔으니까 존경하는 의미로 선배나 스승이라고 하잖아요. 그런데 여기에서는 선배가 돌아이처럼 놀아도 밑에 사람들은 무조건 따라요. 늘 말하는 갑질 같은 거죠. 그건 좀 안 좋더라고. '로마 가면 로마법을 따라야 한다.'고 하잖아요. 그래서 '저 법을 바꿔야 하는데.'라는 생각을 하죠.

전: 그렇게 힘들 때 나를 버티게 해주는 게 있나요?

박: 버티게 해주는 거야, 가족이겠죠.

전: 급여 받으시면요. 나를 위해서 쓰는 부분이 있으세요? 옷을 산다든지 하는 거요.

박: 나는 여가 같은 거를 위해서 돈을 써본 적이 없어요. 옷은 그냥 깔끔하게 입을려고 해요. 나를 위해서 여가를 즐기는 생각을 전혀 해보질 못했어요.

전: 여가에 대한 부분은 북에 있을 때와 남한에 있을 때와 큰 차이가 있나요?

박: 그렇죠. 북한에 있을 때는 출근했다 퇴근하는 것이 일상이에요. 집에서 저 와이프하고 같이 놀고. 주말 같은 때는 애하고 사우나 가고요. 목욕탕 가서 땀 빼고, 찜질하고, 음료수 마시고, 시내 한 바퀴 같이 돌고. 꼭 이렇게 주말에는 일과를 했는데, 여기서는 이제 그럴 수도 없더라구요.

전: 학원은 주말에도 바빠요?

박: 주말에는 좀 괜찮아요. 토요일까지만 일하거든요. 대신에 여기에서는 나를 더 업그레이드해야 해요. 남들한테 정보를 줘야 되는 직업이잖아요. 그래서 퇴근하면 공부하고 그러죠.

전: 컴퓨터가 재미는 있으세요?

박: 재밌을 때도 있는데, 지금은 살아가야 하는 도구니까요. 생계 수단이니까요. 아는 것만큼, 자격증 있는 것만큼 정보를 공유할 수 있고요. 또 한국에서 말하는 대우를 해주잖아요. 아무것도 없고, 능력도 없고 자격증도 없으면 누가 대우를 해줍니까. 월급도 못 받으면 한국에선 못 살잖아요.

전: 학원에서도 야유회나 회식을 하나요? 그때 분위기는 어때요?

박: 대체로 재밌어요. 처음에는 서먹했는데 알고 나니까 좋아요. 그리고 새 사람이 들어오면 분위기가 좋잖아요. 그런데 지금은 주변 분들하고는 인사나 나누는 정도예요. 보통 서로 친하게 되면 이야기도 하고. 술 마시고 노래방 가고 그렇잖아요. 그런데 아직 이런 것까지는 못 해봤고요.

전: 솔직하신 편이세요. 가면 같은 거 많이 안 쓰시네요.

박: 저는 얼굴에 막 표가 났어요. 내가 안 좋으면 인상도 써지고 해서. 싫으면 그냥 싫은 대로 인상 한 번씩 쓰고 그래요. 한국 분들 입장에서 보기엔 솔직하다고 할지 모르겠지만 그렇다고 그 소리가 다 좋은 건 아니잖아요. 조선이라는 땅덩어리를 보면, 북과 남을 보면 한국도 그렇고 북한도 그렇고 사람들 성향이 같아요. 어떻게 같은가 하면 지리적으로 놓고 보면 같아요. 가운데 38선을 놓고 경상도 사람하고 함경도 사람들 하고. 안쪽으로 들어오면서 전라도 사람들하고 평안도 개성 사람들하고 같아요. 성격이나 억양도 같아요. 와서 보니까 그렇드라고.

전: 지금 일하시면서 급여를 받고 휴가를 가고 회식하는 전반적인 직장생활에 대해 몇 점 주고 싶어요? 0에서 100점까지라고 하면 몇 점 정도?

박: 저는 그냥 5~60점. 점수를 매겨보라는 질문은 처음 받아보거든요. 만족도라고 하는 것? 나는 그런 거에 대해서 질문도 받아보지 않았고 생각도 안 해봤지요. 그냥 뭐라고 할까. 기본은 한국에 와서 자리 얻은 거가 좋고, 내가 일한 것만큼 돈을 받고 있으니까 좋고요. 내가 능력이 안 되거나 뭔가를 할 수 없다는 생각은 안 해요. 내가 이만큼 하는 정도면 괜찮지 않을까 하는 생각을 위로로 삼아 해요. 사람이 생각하기 나름이지, 만족을 따지면 한도가 없죠.

전: 어떤 것들이 직장에서 채워지면 점수가 더 올라갈까요? 급여를

더 주면 올라가겠죠?

박: 그렇죠. 급여가 백프로 올라간다고 해도 저는 만족하지 않아요. 언젠가 한번은 학생들이 한 설문지를 보니까 문항에 이런 게 있더라구요. '자기가 행복하다고 생각이 들 정도면 돈이 얼마 정도 필요할까?' 하는 것이었어요. 한국 사람들이 질문을 설문지에 적어놓으면 저는 그게 무슨 뜻인지는 모르겠더라구요. 그러니까 저 질문은 노골적으로 말하면 '사람에 대한 질문인가?'라는 생각이 들더라구요. 돈이 행복의 정도라고 생각하지 않아요. 그러니까 이게 북한하고의 차이인지는 모르겠지만은 행복에 돈이 전부가 아니죠. 돈이 필요하지만 부족하다고 해서 불행하지도 않다는 생각이죠. 돈이 있다고 흥청망청 쓰는 것도 아니고요. 돈은 충분하게 있을 필요가 없고, 급할 때 쓸 정도만 있으면 충분해요. 급할 때 자유롭게 쓸 수 있는 돈이면 되죠.

전: 그러면 선생님이 생각하시는 행복의 조건들은 어떤 게 있을까요?

박: 나는 행복의 가장 우선 조건은 가족끼리의 정이라고 생각해요. 서로 소통하고, 아픔도 같이 나누고, 어려울 때 손이라도 내밀어줄 수 있는 그런 가족이 정말 최고가 아니겠습니까. 물론 돈도 중요하죠. 자본주의 사회니까 돈도 중요하지만은, 가족이라는 그 울타리가 더욱 더 중요하다고 생각합니다. 가끔은 '내가 여기까지 와서 "잘했다."는 소리도 듣는데, 그런 말을 하거나 듣고 나면, 과연 '잘했다는 게 뭐지?'라는 생각이 들어요. 내 혼자 여기서 적당히 벌고 사는 것보다도, 명절이나 또 내가 직장을 나가는데, 애가 어디가 아프고 애한테 문제가 생기면 그거를 누

군가는 가족이라는 이름으로 일처리를 해야 하잖아요. 그 울타리 안에서 누군가는 어려움에 처한 가족을 맡들어줘야 하잖아요. 여기서는 부모들과 자녀가 다 떨어져 살지만은 북한에서는 다 같이 살고, 자주 소통하고 그래요. '자기'라는 울타리보다도 '우리'라는 울타리를 북한 사람들은 더 좋아해요. 그에 반해 여기 남한은 개인주의가 너무 심해요. 한국도 북한처럼 한 동네에서 살기 시작했는데, 돈의 가치가 올라가고, 자본주의가 팽배하다 보니까 사람보다도 돈에 대한 가치가 너무 솟구치더라고요.

전: 남한 사람과 북한 사람이 직장에서 왜 갈등이 생길까요?

박: 북한과 남한의 갈등이라기보다, 북한과 남한이라는 문구가 다를 뿐이지 사실 똑같아요. 한국 사람들끼리도 갈등이 똑같드라고. 근데 북한하고의 갈등을 따지면은, 북한 사람과 개개인이 다르니까. 내가 통상적으로 말하고 싶은데, 북한 사람이 한국 사람한테 싫은 소리를 들으면, 내가 북한에서 왔기에 무시한다고 생각해요. 그러니까 북한과 남한이라는 간격이 있기 때문에 갈등도 더 심각해지지 않을까 하는 생각을 합니다.

전: 그럼 어떻게 그 간격을 줄일 수 있을까요?

박: 줄일 수 있는 방법은 각자들이 북과 남이라는 간격을 허물어야겠죠. 개인들이 누구나 없이, 정부도 마찬가지구요. 정부는 늘 보여주는 쪽으로는 가잖아요. 북한과 대화하고 평화를 외치고 하지만, 실질적인 정치는 안 그렇잖아요. 그래서 개개인들의 성향 자체를 북과 남이라는 분리 개념을 없애면, 기본적으로 간격

이 줄어들지 않을까 싶어요. 첫째는 한국 분들이 북한 사람들에 대해서 너무 모른다는 생각이 들어요. 그러니까 실무나 기술직을 가든, 북한 사람이 남한 사람보다 모르는 게 사실이에요. 그렇다고 남한 사람한테 언제까지 배려만 받고 사냐는 거죠. 북한하고 여기서 하는 일이 판이하니까 "공부하라." 그래요. 북한 사람들한테 하고 싶은 소리는 "알아야 된다."는 거죠. 그다음에 한국 분들한테 하고 싶은 소리는 "가족처럼 품어줘라."예요. 한국 분들은 계산적이어서 '내가 요만큼 하면, 너도 요만큼 해.'라는 식이에요. 한국 분들의 직장생활이 그렇더라구요. 근데 북한 분들은 그런 거 안 따져요. 요만큼만 줘도 마음을 따뜻하게 해주면 다 해줘요. 나도 그렇게 살아서 그랬는지 모르겠는데, 원래 안 따져요. 같이 일하는 누군가가 나에서 따뜻하게 대해주면, 나는 따뜻이 해주는 것만큼 더 해주고 싶어요. 나는 북한에서 대학교 교수로 근무하면서도 휴가를 다 써본 적이 없어요. 절반도 안 놀았어요. 한국 사람들은 반차를 내서라도 끝까지 휴가를 다 쓰던데, 저는 안 그래요. 대학교에서 못한 일이면 가방에다 이만큼씩 갖고 들어와서 밤새 집에서 다 했어요.

전: 책임감이 강하네요. 아니면 선생님으로서의 사명감?

박: 나는 해야 될 일, 무엇을 해야 되겠다 싶으면 다 해요. 그다음에 우리 회사에 도움이 될 수 있고, 할 수 있다고 생각하는 거는 다 해요. 시간이 되는 대로 할려고 노력하고 그래요. 그렇기 때문에 나는 한국 분들이 북한 분을 조금만 더 이끌어주면 좋겠어요. 물론 북한 사람들도 '열이면 열' 다 나하고 같은 생각은 아

니겠지만은, 한국 사람도 같잖아요. 사람들마다 다르잖아요. 근데 한국 사람들은 이미지에 신경 쓰고, 자본주의에 대한 고정관념이 있어요. 북한 사람들은 일해서 번 돈을 작든 크든 간에 착착 쌓는 긍지나 자부심이 있어요. 돈 받는 것보다도 내가 회사에서 무엇을 해서 도움이 되는지에 대해 자부심을 가져요. 그러니까, '내가 몰랐댔는데, 내가 하니까 상사도 나를 칭찬해주더라.' 이런 거를 좋아해요. '칭찬은 고래도 춤추게 한다.'는 말이 있잖아요. 북한 사람 중에는 소박하고 순진하게 생각하는 사람들이 의외로 많아요. 그런 차별들이 빨리 허물어져야 하는데, 이 상태로 가다간 허물어지긴커녕 북한 사람들도 자연히 자본주의를 따라가겠죠.

전: 계산적이고 여우같은 남한 사람 보면 어때요?

박: 역겹죠. 대개 여기는 아침 9시부터 업무 시작이잖아요. 저는 북한에서 대학교 교수로 있을 때 아침 8시에 시작하거든요. 그래서 보통 아침 7시 20분 때 학교 출근하죠. 아침은 7시 때나 6시 반 때 먹어요. 근데 주로 아침을 안 먹죠. 겨울에는 깜깜할 때 나가고요. 대부분 자전거 타고 출퇴근했죠. 일찍 가서 강의 준비도 하고, 일할 준비도 하고 그래요. 일을 시작해서 휴식 시간 10분 정도니까. 8시부터 수업 시작해요. 한 시간 반 강의예요. 한 시간 반 수업하는 걸 3강 내지 4강 해요. 그러면 한국식으로 한 대여섯 강의 정도 될 거예요. 쉬는 시간이 10분. 시간은 철저히 엄수해야 돼요. 어기면 안 돼요. 시간은 딱 짜여 있어요. 그 다음에 점심시간인데, 대학에서는 점심을 무료로 줘요. 점심을

주기 어렵다 싶으면 옥수수밥이라도 줘요. 그러면 한국 돈으로 오백 원 정도 할 거예요. 그 돈을 지불할 형편이 안 되면, 옥수수를 실제로 몇 킬로그램씩 들고 오기도 해요. 점심은 그저 1시간 정도? 오후 타임은 2시부터 시작하고, 3시 반 정도면 끝나는데, 한 강의 더 있으면 4시 반부터 5시 10분 정도 끝나요.

전: 전공이 원래 철학 쪽이셨어요?

박: 인문학이었다가, 중간에 이쪽 전공으로 전환했어요. 철학을 하면서 경제를 같이 했어요. 그 과목이 철학만 가지고는 할 수 없으니까, 철학에 경제학이 포함되는 거죠. 근데 한국처럼 복잡하진 않으니까 괜찮았어요.

전: 북한에서 그럼 시험 평가는 어떤 식으로 하셨어요?

박: 시험 평가는 다 주관식, 필기였어요. 강의실에 많으면 45명 정도요. 45명에서 25명 정도? 북한에서는 강의실에서 누워 있고 그러질 못해요. 한국에 와서 충격을 받았던 것이 교육 현장에서 아이들의 자세였어요. 애들이 누워 있기도 하고, 모자도 쓰고 있고, 돌아앉아 있고, 한숨 쉬고, 의자 삐거덕거리고 하는 것을 보고 놀랐죠. 북한에서는 그런 애들이 없어요. 아마 북한 중학교도 그렇지는 않을 거예요. 그런 애들은 "오늘은 이만이만 해서 못 옵니다." 하고 그래요. 북한에서는 교무과장이나 교무부장 이런 사람이 있어요. 그래서 교육도 짜여진 대로 안 하면, 그 어긴 데 대한 책임을 져야 해요. 그렇다고 해서 "야, 이렇게 저렇게 해라."까지는 아니에요. 그러니까 교육 방식에 대한 합당

한 내용들이 있으니까, 거기에 대해 선생님이 또 나름대로 강의하는 방식들을 새롭게 할 수는 있어요. 예로, 오늘이 만약 강의 시간인데 학생들한테 좀 더 구체적이고 생동한 인식을 주기 위해서, "강의에 앞서 요러요러한 내용을 먼저 토론하고 싶다."고 하면 학생들이 거기에 대한 준비를 하는 거예요. 해설 강의보다 먼저 학생들에 대한 자료 수집이나 정보가 필요하다 싶으면 그렇게 하는 거죠. 내가 여기 와서 쭉 생각한 것은 학생들의 인성이 문제라고 할까요? 여기 애들은 질서가 없어요. 너무나 문란하죠. 한마디로 말하자면 '교정의 윤리'라고 해야 될지, 조건이라고 해야 될지, 조건에 대한 윤리라고 해야 될지. 그래서 '교육'이 한국에서는 뭔지, 그거에 대한 질문을 제가 많이 자청했어요. 그래서 나는 한국에서는 지식에 대한 교육보다 먼저 '인성교육'을 먼저 해야 하지 않을까 싶어요. 제일 놀라운 게 그거예요. 지금 강사로 근무하기 전에. 어쨌든 학원에서 직업 훈련을 받아야 되니까 직업 훈련을 받으러 갔는데. 하~ 분위기가 무슨 어린이집 놀이턴지 교육장인지, 분간을 못 하겠더라구요. 그래서 너무 황당했어요. 여기서 이렇게 배울 수 있을까? 너무 난잡하고 교육이 문란하니까. 또 사람들이 공부하는 분위기도 같이 따라줘야 하잖아요. 나 혼자서 열심히 한다고 되는 것도 아니고, 옆에서 왁자지껄 할 소리를 다 하는데 분위기가 엉망이었어요. '내가 학교에 오긴 온 거야?' 하는 생각이 들더라구요. 지금도 마찬가지고요. 처음에 여기에는 교권이 있냐? 교정의 윤리가 있냐? 이분들한테 지식이 먼저가 아니라 인성 먼저 가르쳐야 하지 않을까 해서 학원에서도 몇 번 충돌이 있었어요. 지식이 먼저냐 인성이 먼저냐 하는 걸 가지고, 한국 분들하고 가끔 충돌도 있었는데, 이제는 하도 그러니까 '에이, 그저 내 할 거나 하자.' 이렇게 되더라구요. 차이가 엄청 나더라고. 나는 한국이 이런 줄 정말 몰랐어요. 교정의 윤리가 너무 없는 거야. 애들이 선생님을 대하는 자세도 그렇고 대학도 이러냐 싶더라구요. 가끔 이렇게 통일부 가서 교수님들도 많이 뵙고 할 때 내가 질문하거든요. 한국에 교정의 윤리가 있습니까? 그러면 어쩌고 저쩌고 대답은 하는데, 저는 잘 모르겠거든요.

전: '교정의 윤리'는 북한에서 쓰는 교육적 용어인가요?

박: 아니, 그런 건 없어요. 교육은 따로 없어요. 그러나 교육자와 학생, 선생 간의 자세는 어떠해야 하는지는 배우지 않아도 알아야 되는 거잖아요. 초등, 중등, 고등 교육기관에서 인성을 가르치지는 않지 않습니까. 인성은 초등 때부터, 아니면 어린이집이나 엄마 품에 있을 때부터 알아야 하는 문제들이지 않습니까. 근데 그게 너무나 없는 거예요. 그래서 놀랐어요. 북한에서는 초등 때 도덕 교육이 있어요. 윤리교육 과목도 따로 있거든요. 그거는 반드시 지키는 걸로 알고 있어요. 공산주의 도덕 교육 이런 식으로 과목이 있거든요.

전: 북한 대학 캠퍼스는 어떻게 생겼어요?

박: 여기는 일반적인 대학 건물은 좋아도 관리는 안 돼 있고요, 북한은 반대예요. 행정도 그렇고, 교수들 파워가 강해요. 일단 북한에서는 행정이 잘 되어 있어요. 왜냐면 윗물이 맑으면 아랫물

이 맑다는 것처럼, 그냥 그렇게 내려와요. 학과들도 그렇고, 학부도 그렇고요. 교수들이나 학장들이나 학부장들이 어떤 전공에 취미를 가진다 그러면 학생들도 그런 쪽으로 많이 따라가려고 해요. 강의하다 보면 그냥 시간 타이밍만 지나면 끝나잖아요. 근데 북한에서는 시간 타임이 끝났어도, 공부를 시키거든요. 북쪽에서는 강의하고 오후에 복습시키는 것이 있거든요. 그때 가서 복습 타이밍마다 나가서 돌면서 학생들이 뭔가 물어보면 답하고 그래요. 그 습관이 아직도 남아 있어서 그런지 모르겠는데, 내 수업 시간은 무조건 채워요. 끝난 시간에도 "시간 남는 사람은 교실에 남아서 공부하세요." 그래요.

전: 학생들은 자율 학습하거나 집에 가거나 하는 게 자기 마음이에요?

박: 그렇죠. 오후 시간에 학급들에서 할 일들이 뭐 있겠어요? 학과나 학급들에서 할 일들이 있으면 하고 없으면 그냥 가는 거죠. 우리는 기숙사 생활이라 그러는데, 여기도 기숙사라고 그러죠? 기숙사생이면 대학에 남아서 자기 공부를 하든, 아니면 친구들하고 나가서 자기 볼 일을 보든 퇴근하기 전까진 자기 업무를 하고 그래요. 복습하는 애들 있으면 학부마다 돌면서 가르쳐주기도 하구요. 그래서 저는 북한에 있을 때 아침 7시 반에 출근해서 6시 반에 퇴근했어요. 딱 정해져 있어요.

전: 여기는 시수만 채우면, 나머지 시간은 교수들이 자기 마음대로 하거든요.

박: 그러니까요. 우리는 자기 맘대로 퇴근할 수 없습니다.

전: 고등학교 같아요. 그러면 북한에서 교수 생활을 하셨을 때와, 지금 한국에서 학원 컴퓨터 선생님 하실 때랑 어떻게 달라요?

박: 아, 그때는 제가 말을 많이 했잖아요. 90분 동안 말을 하니까, 하루에 90분 동안 말을 3번씩, 많으면 4번씩. 그런데 여기는 그렇지 않고. 다음에 프로젝터 빔이 있잖아요. 여기에서는 비추면 실감있게 접근시킬 수가 있는데, 북한에서는 전기가 없으니까 뭔가 시범할 때 좀 안 좋죠. 전기가 부족하니까 그런 걸 자유롭게 못 해요. 그러니까 분필로 다 쓰죠. 전기가 없으니까 컴퓨터나 프린터도 안 되고요. 그런데 여기에서는 대학보다도 대학원이 더 힘들다고 하더라구요. 교수님들 비위 맞추는 게 제일 힘들다고 하던데요. 그런데 우리는 교수님들 비위보다도 답사를 해야 하니까 그게 힘들었어요. 매번 걸어다니면서 밤새 써야 되니까. 그걸 다 볼펜으로 써야 하고, 정보도 일일이 다 찾아서 수집해야 하고. 그래서 많은 양을 써가지고 출판하려면 평양으로 가요. 거기서 책으로 출판해서 가지고 다니죠. 지방에서도 출판을 하기는 하는데, 질이 너무 떨어져요. 학위 논문이나 이런 거는 자기 체면도 있고 해서, 평양으로 가요. 평양 가서 금성청년 출판사 가면 좋죠.

전: 그러면 내용을 검토하나요? 위에서? 사상에 관한 것이 들어갈 수 있잖아요.

박: 그렇죠. 다 엄격하게 해요. 사상에 관해서도, 논리적으로 윤리적으로 따지고, 그다음에 그 가치에 대해서 따지고 하죠.

전: 인성교육을 배우셨다고 하셨는데, 구체적으로 어떤 거예요?

박: 아, 저는 그거 해보고 싶어요. 직업전문학교라는 게, 직장에 가서 취업하기 위한 조건을 배우는 거잖아요. 취업 조건이 지식만을 전부로 하는 거는 아니잖아요. 커뮤니케이션도 중요하잖아요. 예절, 그러니까 상사들하고 동료들하고 커뮤니케이션도 윤리의 한 종류가 아닐까 생각해요. 그렇기 때문에 직업 훈련에서 윤리는 중요한 기초적인 문제라고 봐요. 그다음에 짬짬이 내가 하고 싶은 얘기? 인성적인 얘기나 인성교육도 하고 싶어요. 그렇다고 전문인성교육은 아니구요. 예를 들어 핸드폰 예절 교육 같은 거요. 일상에서 예절이 필요한 것들을 가르치고 싶어요. 버스 타고 가는데, 버스에 '통화를 해도 조용히' 이런 문구들이 나오잖아요. 그런데 그때 주변에서 시끄럽게 통화하는 사람이 있으면 어떻게 해야 할까 이런 거 가르치고 싶어요. 이런 식으로 인성교육도 강사들 몫이라는 생각도 들어요. 인성 교육에 대한 언급이 없어도 직업훈련학교든 대학이든 대학원이든, 교육자는 가르치는 자세로 학생들을 가르쳐야 한다고 생각해요. 학생들의 인성을 바로 잡아야 하지 않을까 싶어요. 교육자니까요. 그래서 저는 가끔 '북한하고의 생각 차이겠지.' 하고 그냥 잘 넘어가요. 그래서 교육에서만큼은 북쪽 생각을 많이 해요. 한국에서는 뭐, 지식만 주는 게 우선이라고 생각하니까, 그냥 지식만 주는 거고. 학원은 인성교육과 거리가 멀다고 생각해요. 남한의 선생님들도 학생들이 삐뚤어지지 않는 이상 배를 태워야지 비행기를 태울 목적으로 교육을 하면 안 된다고 얘기해요. 그런데 나는 각자 교육자마다 생각과 가치관이 다르다고 생각해요. 저

는 지식뿐만 아니라, 삐뚤어진 부분도 바로 잡았으면 좋겠다고 생각해요. 그런데 남한에서는 저도 의식적으로 "너 잘못됐어." 라고 야단칠 정도가 아닌 이상은 조용히 넘어가려고 해요. 근데 가끔은 '어떤 학생이 수업 시간에 공부 안 하고, 어떻게 놀았다.' 고 하면, 그때는 "선생님들이 인성교육을 안 했으니까 그 애들이 그렇게 나오지 않냐."고 따지기도 해요. 집에서야 아무렇게 굴러다닌다고 해도 뭐라 하지 않잖아요. 그런데 학교에서 그러면 문제가 되거든요. 학생들도 다 알거든요. 그런데 알면서도 안 지켜요. 그러니까 애들이도 하지 말라고 하는 것은 인지를 해야 하는데, 교육장에서도 자기 마음대로 놀고 싶으면 놀고, 소리치고 싶으면 소리치고 하니까 어린이집 같은 거죠. 성인이면 옳고 그름을 판단하고, 자기 욕구를 절제할 줄도 알아야 하고요. 그래야 성인이잖아요. 그런 것들을 잡아주지 않고 커서 뭐가 되겠어요. 아마 내 식견으로 보면, 그 교정의 윤리가 깨지면 오늘의 대한민국의 미래는 밝지 않겠죠.

전: 뭔가 정신이 드네요. 생각할 기회가 돼서 좋았습니다. 감사합니다.

연구참여자의 적극적인 태도로 시간 가는 줄도 모르게 인터뷰가 끝났습니다.

인터뷰어: 전주람(이하 '전'), 질적연구를 공부하는 석사과정생 2인 참관
인터뷰이: 박상철(가명, 이하 '박')
인터뷰 일시 및 장소: 2017년 11월 25일(약 2시간), 양천구 아파트 내 공가
초고 완성 및 북한 관련 내용 감수자: 김지일
내용 구성 및 정리: 곽상인

●●●

오늘도 참관자 두 학생과 함께 공가에 갔습니다. 늦는다고 했습니다. "톡톡", "후두두", "드르륵" 창 밖에는 비가 쏟아지고 있었습니다. 허겁지겁 걸어오는 발걸음 소리가 들리고, 저는 현관문을 열러 나갔습니다. 그는 우산이 없었는지 홀딱 젖어 있었습니다. 이렇게까지 인터뷰를 해야 하는 게 맞나 싶었지만, 그는 별거 아니라는 듯이 옷이 모두 젖은 채 자리에 앉았습니다.

전: 처음에 남한 출신 사람들을 어떻게 생각하셨을까요? 그때 말씀 해주셨던 것처럼 '이중적이고 계산적이어서 역겹다.'고 하셨는데 요. 그 평가는 사람마다 다르잖아요. 그 사람들은 선생님에 대 한 느낌이 어떠했을지 궁금합니다.

박: 글쎄요. 저도 그런 부분은 잘 모르죠. 그 사람들이 어떻게 생각 하는지까지는 모르니까요. 그런데 처음에는 그분들은 "취업하기 힘들다." 이런 소리를 많이 했어요. 나도 처음에는 사람 사는 세 상이니까 다 힘들겠지 싶었죠. 그런데 내가 북한 사람이라고 특

혜를 받아 취업을 수월하게 했다는 식으로 이해를 했어요. 그런데 나도 남한에서 뭔가를 배워야 하는 입장이니까 저도 힘들었죠. 그래서 그런 편견으로부터 벗어나고자 취업을 해서도 배우고 그랬죠. 처음에는 그저 시키면 시키는 대로 했죠.

전: 그런데 불편하거나 어색한 부분도 있었을 거잖아요.

박: 처음에 컴퓨터 배울 때 'OS'가 어떻고 그러면, 그 말을 못 알아들었어요. 자격증이 있어도 현장에서 하는 소리하고 자격증 딸 때 하는 학술적인 소리하고 달랐어요. 현장에서는 좀 더 단축된 용어를 쓴다고 그럴까? 애들이 약어를 쓰듯이 하더라구요. 그런 측면들에서 가끔은 자격증을 땄는데도 나한테 "이것도 모르냐?"는 식으로 말할 때가 있어요. 엄청 기분 나쁘죠.

전: 그럴 때는 어떻게 하세요? 여쭤보시는 편이세요?

박: 물어볼 때도 있고요. 사람에 따라서 편하면 물어보고, 불편하면 내가 어떻게든 해결하려고 하고. 불편하게 하면 두 번 다시 안 물어보고, 돌아앉아서 컴퓨터로 검색해서 알아봐요. 무시하는 태도를 보이면 엄청 기분이 나빠요. 말로 표현 못해요.

전: 직접 말로 뭐라고 하시는 분 있어요?

박: 말로 직접 하기보다도 그 비꼬는 투, 비아냥거리는 거 있잖아요. "너, 그런 것도 모르냐?" 이런 식으로. 무시하는 인상도 쓰면서 그래요.

전: 근데 그러신 분들도 시간 지나면 태도가 긍정적으로 좀 달라지

나요?

박: 네. 달라지는 분들이 더 많아요. 애초에 그렇지 않은 분들은 시간이 지나도 그렇지 않구요. 사람들만의 코드가 다르니까요. 나를 비꼬는 사람은 남이냐 북이냐를 떠나서 원래 그렇게 생겨먹은 사람이라고 해야겠죠.

전: 근데 대놓고 북에서 왔다고 걸고 넘어지는 사람도 있나요?

박: 그러지는 않아요. 같이 있으면 그러지는 않더라구요. 만약 그 정도로 저를 대하면 저도 가만 안 있죠.

전: 지난번에 말씀해주신 내용 중에, '장난삼아 던진 돌은 개구리의 생사가 달리기도 한다.'고 하셨는데요. 의도하지 않게 말했는데 기분이 나쁘거나 인간관계에서 틀어진 경우도 있을 거예요. 혹시 장난삼아 던진 돌에 맞아보신 사례가 있을까요?

박: 사례로 말한다면은 뭐. 예를 들어 업무를 하잖아요. 사투리를 쓰면 비아냥거리기는 해요. 옛날 늙은이가 쓰던 말이라고 해요. 그런 것들은 그냥 그 사람들도 농질 삼아 해요. "박 선생, 지금 하는 말이 우리 어릴 때 시골에서 쓰던 말이다." 이런 식으로요. 오랜만에 듣는다는 식으로 표현해요. 농질이라면서 웃으면서 말해요. 그러면 내가 그래요. "아, 그래요? 옛 고향 생각도 나고 좋겠네요." 그래요. 또 "고향 생각나서 반갑죠?" 그래요. 그러면 "농질을 진심으로 받아들이면 어떡해요." 그래요. 그다음에 행동이라고 해야 할지. 그러니까 청소하는데, 구석구석 다 치우고 그렇잖아요. 그러면 걔네들은 안 치울려고 하더라고요.

청소하는 사람들이 당연히 치우는 걸로 알아요. "청소하는 사람들이 치울 건데, 뭐 하러 치우냐?"고 하더라구요. "컴퓨터 강산데, 뭐 그런 것까지 구석구석 치우냐?"고 그래요. 그러면 저는 "청소하는 사람이 하기 전에 자기 방은 자기가 하는 게 아니냐?"고 제가 받아쳐요. 확실히 보는 시각이나 생각들이 다 다르더라구요.

전: 그런데 여기 남한 사람들은 실제로 다 안 해요.

박: 청소하는 사람이 치우는 것을 당연한 걸로 생각해요. '니네는 니네고, 우리는 우리다.'라는 생각이 강해요. 남한에서는.

전: 지금도 여러 군데를 정리하세요? 아니면 내 구역만 하세요?

박: 가능하면 내 주변만 해요.

전: 바뀌셨네요?

박: 네. 그 선생님들한테는 기분 나쁘게 들릴 수도 있는데, '니 집은 니가 하세요.' 이런 식으로 바뀌었어요. 다른 사람 주변까지 청소해 줄 이유가 없더라구요. 해줘도 나만 상처받으니까 안 해줘요. 또 사람들 성격도 그렇고, 살아온 환경도 달라서요. 살아가면서 주위 환경에 물든 사람도 있고요. 어느 정도 변화들이 조금씩 있어요.

전: 기분 나쁜 일이 있더라도 참고 다녀야 하고요. 가족을 위해서 참고 그렇잖아요. 그러면 가족은 선생님께 어떤 의미일까요?

박: 가족이란 자기 삶에서 전부 아니겠습니까. 내 핏줄이고요. 가장 소중한 것이죠. 자기 삶보다 귀한 게 가족이겠죠.

전: 그런데 요즘에 사람들을 만나 가족이 뭐냐고 물어보면 또 그렇지도 않거든요. 가족이라도 각자 갈 길을 가는 거라고 생각해요. 아빠로서 이 정도는 하지만 더 이상은 안 된다고 해요.

박: 사람마다 다 다르니까요. 그런 소리들을 주변에서도 많이 하는데, 친구들 만나 보면 "혼자 그러지 말고 좋은 사람도 만나라." 그래요. 그러면 나는 그래요. "내 인생은 여기까지다, 하나밖에 없는 아들의 담백한 밑거름이 돼주면 그만이다." 그래요. 그러면 내 인생은 만족할 것 같아요.

전: 가족에 대한 애착? 도리? 이런 게 굉장히 크네요.

박: 아빠보다 더 나은 삶을 살길 바라는 게 부모들 마음 아니겠어요. 처음에는 아들한테 잔소리 엄청 했어요. 그러다가 지금은 내가 힘들고, 애도 힘들기 때문에 퇴근하고 나서 집에 와 잔소리하면 스트레스 받아요. 그러면 애가 공부하는 데 질리고 하니까 잔소리도 잘 안 해요.

전: 아빠들은 훈육할 때 가끔 때리기도 하는데, 북한에서도 많이 때려서 키워요?

박: 많이 그런다기보다 자식이 꼭 하지 말아야 할 것을 했을 때 종아리 정도 때렸죠. 나는 어렸을 때 부모님께 맞은 기억이 없어요. 모범생도 아니었는데, 부모님이 저를 때리지는 않았어요. 북

한에서 교수직을 했지만, 그렇다고 다 모범생은 아니었죠.

전: 가족이 되게 소중하다고, 그것이 내 삶의 자원이라고 말씀해 주셨어요. 그때 자원으로 말씀해 주셨던 것 중 하나가 자격증도 많이 따신다고 하셨잖아요. 힘들지만 남한 사회에 적응하려고 여러 가지로 노력하시잖아요. 그런 것에 대해서 자부심이 있었던 것 같았거든요. 혹시 스스로 위안을 얻는 부분이 있으세요? 스스로를 다독여주는 부분이라든가요.

박: 처음에는 그런 생각을 전혀 안 했는데, 살다 보니까 자격증도 많이 따게 됐고, 남보다 모르는 것이 많았는데, 지금은 선배들도 모르는 것을 내가 아는 경우도 있어요. 그럴 때 뿌듯하고 위안도 느끼곤 했어요. 자격증만 열 몇 개 돼요. 주로 컴퓨터 관련 자격증입니다. 이쪽 분야에 소질이 있다기보다 그냥 하다 보니까 그렇게 됐네요. 자격증 따려고 외우기도 하고, 문제풀이도 하고, 실기도 하고 그랬죠. 공부도 혼자서 했어요. 동영상, 인강 받아서 하고요.

전: 쉽지 않았을 거 같은데, 의지력이 있으신가요? 시작하면 끝을 봐야겠다는 의지 말입니다. 그런 게 있으신 것 같아요. 중간에 시작하고 힘들다고 포기하거나 그런 거 많이 없었어요?

박: 네. 그런 거 없어요. 일단 시작하면 끝을 봅니다. 군인 정신이라고 해야 할까요? 그런 게 있어요. 우리 집안 전체가 그런 스타일은 아닌데, 저만 유독 그래요. 공부하는 게 힘든데, 그냥 버텨요.

전: 공부라는 게 사실 힘든 건데, 어떻게 버티세요?

박: 생활적인 문제다 생각하고 하는 거죠. 혼자라면 별 문제도 아닌데, 자식이 있으니까 책임감을 갖고 열심히 해야죠. 책임감이 막중하잖아요. 애를 내가 지켜줘야지 누가 지켜주겠습니까.

전: 만약 북에서 계속 사셨다면 열심히 안 하셨을까요?

박: 북에서도 저는 일단 책임감을 갖고 꾸준히 하는 기질이었으니까, 열심히 했을 겁니다. 꾸준하게 뭔가를 해야겠다는 생각보다도 사실은 아들 생각을 많이 하면서 일했죠. 군 생활하면서도 목표를 세우면 그것을 달성하는 데 쾌락을 느끼곤 했어요. 그런 감을 느끼면서 일을 해왔기 때문에, 계획을 세우고 목표가 정해지면 꾸준히 했죠.

전: 남한에서 태어난 분들을 경쟁자라고 생각하시나요? 직장동료도 마찬가지구요.

박: 나는 경쟁자라고 생각은 안 해요. 내가 꾸준히 이 단계에서는 많이 알아가고 배운다고 생각하지, 경쟁자라는 생각은 안 해요. 그냥 내 단계에서 내 수준보다 조금만 더 올라선다는 생각을 하지. 내가 저 사람보다 앞서야 된다는 경쟁심은 안 가져요. 그냥 내 실력을 키우는 데 집중해요.

전: 남한 사람들이 네다섯 명 정도 학원에 있잖아요. 그분들보다 선생님이 더 잘하는 것이 있나요?

박: 처음에는 내가 많았지만은, 뭐 지금은 그 사람 하나 못하는 거 있으면 내가 좀 잘하고, 내가 못 하는 거 있으면 그 사람이 조

금 더 잘하고 그래요. 거의 평등하다고 보면 돼요. 서로 잘한다고 생각하고 인정을 해주니까요.

전: 이분들은 현재 선생님을 어떤 식으로 보는 것 같아요?

박: 어떤 때는 '에이스'라고도 하는데, 속으로 무슨 생각을 하는지는 모르죠. 제가 잘하는 쪽에 대해서는 야심도 있으니까 그것을 나쁘게 볼 수도 있겠죠. 그런데 사실 야심을 나쁘게만 생각할 것도 아니잖아요. 야심도 있어야지 성공하죠. 발전도 하고요.

전: 근데 능력과 실력이 있으셔서 인정받으시는 것은 좋은 거 같아요. 내가 할 수 있는 일이 있고, 내 학생들이 있고, 가르치는 보람도 있으시잖아요.

박: 네. 보람도 있으니까 열심히 해야겠다는 마음가짐도 생기고, 원동력도 되고.

전: 가르쳐줘도 못하는 애들 있잖아요. 그럼 계속 알려주시나요? 열 번을 알려줘도 못하는 학생들은 어떻게 하나요?

박: 그러면 방법을 달리해야겠죠. 가르치는 방식을. 그래도 못 알아듣는 분들도 있어요. 그러면 방법을 바꿔요. 한 방식으로만 하지 않아요. 사람마다 다 다르니까요. 이해하는 방식도 다르구요. 그러면 다른 방법을 가르쳐 주죠. 요령이라고 해야 할까요? 가르치는 요령이 있어요. 열심히 하는데 못하면 정말 잘 알려주고 싶어요. 그런데 성실하지 않고 못 알아들으면 그것은 문제죠.

전: 그러면 똑같은 조건에서 북한 사람들하고 남한 사람들하고 근

무할 수 있다면, 선생님은 어디를 선택하시겠어요?

박: 나는 일단 한국 땅에 와서 한국 사회에서 살기 때문에, 남한 분들이 있는 데가 더 괜찮다고 생각해요. 내 발전을 위해서. 사회 흐름도 알고 남한 사람들의 생각도 알아야 되잖아요. 한국 땅에서 살아야 하니까. 그래서 나는 한국을 택할 거예요. 배우는 것이 좋고, 또 가끔은 북한 분들도 만날 수 있잖아요. 그분들과 만나서 대화하는 과정을 통해 한국 사회에 대한 인식도 넓힐 수 있구요.

전: 근데 타지에서 고향 강아지와 똑같은 종의 강아지만 봐도 반갑다고 하더라구요. 근데 내 발전을 위해서라면 남한 사람들이랑 같이 있는 게 자신한테 유리한 거네요. 근데 사실 심적으로는 여기가 조금 더 힘들 순 있는데 그 외로움을 감수하시겠다는 거네요. 굉장히 강인한 정신력을 가지셨네요. 정신력은 대체로 강한가요?

박: 글쎄 사람마다 다르겠죠. 근데 북한은 추운 지방이잖아요. 그래서 사람들이 강하다고 그래요. 생활력도 강하고, 정신도 강하고. 추운 데서 살아야 하니까, 먹고 살기 위한 투쟁 같은 것도 해야 해요. 그러니까 온화된 난방 이런 것보다도 힘든 생활에 잘 버티죠. 기후나 지형이 분명 영향을 줬을 거라 생각해요.

전: 지난번 말씀해 주신 내용 중에 남한 사람이랑 근무하시면서 책에 나오지 않는 전문 용어나 뉴스에 나오는 모르는 용어를 배울 수 있어서 좋다고 하셨잖아요. 그런 정보를 공유할 수 있다는

장점을 말씀하셨는데요. 그런 것 말고 다른 장점은 없을까요? 나한테 도움이 되거나 내 적응을 돕는 거라든가요.

박: 생활하면서 소모품들이 필요할 때 있잖아요. 그러면은 그분들이 어디는 싸고, 어디는 비싸고 하는 정보를 회의 때 얘기해줘요. 만약에 화장지를 사야 되면, 마트가 싼지, 홈쇼핑이 싼지 이런 것을 검색해서 보여줘요. 그래서 어디가 싸니까 그곳에서 사라고 해요. 처음에는 이런 것을 잘 모르니까 걸어서 가까운 데서 사와요. 비싼지 싼지도 잘 모르고요. 그래서 가격정보를 공유하는 것은 좋아요. 이럴 때 그분들이 나를 배려해 준다고 생각해요.

전: 그러니까 생활부터 잘 모르시니까 작은 정보도 도움이 되겠네요. 생활에 관련된 거는 여자 선생님들이 주로 말씀을 많이 해주시겠네요?

박: 아니요. 여자든 남자든 혼자 있는 분들은 자주 그래요. 한국에서 쓰는 용어로, 핵가족화가 돼서 혼자 사는 분들이 많아요. 북한에서는 '핵가족화'라는 개념이 없어요. 여기 와서 들었죠. 대가족이라는 소리는 해요. 근데 사실 대가족이라기보다는 '대가정'이라고 해요. '우리'라고 하고, '하나의 울타리'라는 개념을 놓고 '대가정'이라고 해요. 근데 가족을 놓고 '대가족', '소가족'이라고 하지는 않아요.

전: 저번에 갈등에 대해서도 말씀해 주셨잖아요. 남한에는 선배 문화가 있다구요. 정이 없고, 계산적인 문화 때문에 남한사회에서

사는 게 좀 허무하다고 하셨는데요. 여기서 좋지 않은 직장 문화는 뭐가 있을까요?

박: 크게 뭐 안 좋은 문화는 사실 없어요. 그런 것을 접할 기회도 별로 없고요. 애초에 접할 생각도 하지 않으니까요.

전: 직장에서 강압적인 거는 참기 힘든 거 같애요.

박: 어디를 가나 그렇죠.

전: '동료애'라고 하잖아요. 같은 직장 사람들끼리 갖는 연대감? 끈끈한 정? 같은 거요. 그런 거를 놓고 봤을 때, 직장에서만 만나고 싶은 사람과, 직장이 아니더라도 만나고 싶은 사람이 있을 겁니다. 직장이 아니더라도 다른 곳에서 밥도 같이 먹고 하는 친한 사람도 있을 거잖아요. 그러니까 선생님이 생각하셨을 때 '공과 사'는 분리가 되어야 한다고 생각하세요? 직장에서의 동료애는 어떠신지 궁금합니다.

박: 뭐 사람 나름이겠지만은, 여기나 저기나 직장에서는 다 같애요. 개개인에 대한 연대감은 여기가 더 강하다고 생각해요. 직장에서 가족처럼 지내자는 사람도 있고, 그렇지 않은 분들도 있잖아요. 직장을 가족같이 여기면서도 일이 생길 때 저는 그냥 제 생각을 말해요. 그분들한테 하고 싶은 소리는 해요. '내가 이런 생각을 갖고 있으니까 당신들도 알아서 그런 방향으로 일을 했으면 좋겠다.'고 해요. 그래서 직장이라고 하면 평생 직장이라고 생각하고 일해요. 만약 내가 회사에 오래 있을 생각을 안 한다 그러면 그 사람은 평생 임시적 관념으로 살아야 하는 거예요.

그렇잖아요. '여기는 내가 가까이 지내야 하고, 같이 살 친지들 이야.'라고 생각해야 없던 정도 서로 생기고, 이해도 하고, 서로 도와주기도 하고 그럴 거잖아요. 그런데 '얼마 있다가 다른 데 가야겠다.'고 생각하면 회사가 좋아 보이지 않겠죠. 그런 사람은 인생 자체가 임시직일 수밖에 없어요. 그런 관념을 가지고 살면, 나라는 인간의 삶은, 내 인생의 진정한 의미는 어디에 있겠느냐는 거죠. 친구들도 마찬가지예요. 그런 마음으로 친구를 사귀면 진정한 친구가 없을 거 아닙니까. 그러면은 자기라는 울타리에 혼자 갇혀서 고독하게 살다 가겠죠. 나는 그런 생각을 안한다는 식으로 말을 던지죠. 그러면 뭐 알아듣는 분들은 알아들을 거고요.

전: 그렇게 말씀하시면 다른 분들은 대체로 어떻게 반응해요?

박: 뭐, 허언하는 분도 있고, 가만히 침묵하는 분도 있고 그래요. 생각은 서로 다르겠죠. 어쨌든 저는 그런 이미지예요. 어딜 가든 불가피하게 오늘 하루 있다가 갈 수도 있고, 한 달 있다가 갈 수도 있는 거잖아요. 자기가 얼마만큼 회사에 있다가 나가겠다고 계획하는 분들이 있는지 모르겠지만은 일단 취업해서 같이 있는 동안은 서로 관심을 가지고 살았으면 좋겠어요. 나도 또 그런 인생관을 갖고 산다고 주변사람들한테 얘기해요.

전: 선생님은 자신의 역할에 최선을 다하시는 거네요. 내게 맡겨진 업무, 직장에서의 역할을 성실히 수행하겠다는 의지가 보이네요.

박: 그러겠죠. 내가 할 수 있는 만큼은 나에게 부끄럽지 않게, 남에

게 부끄럽지 않게 할 일은 다 하자는 생각이에요. 또 그렇게 할 것이구요. '어디 가서든 무슨 일을 하든 내가 할 수 있는 것만큼은 다 할 것이다.'라는 생각은 늘 해요.

전: 직업 특성상, 주말에도 스스로를 업그레이드 하기 위해서 공부하시잖아요? 그런 삶이 억울하지 않으세요?

박: 아니요. 억울한 생각은 안 합니다.

전: 그래도 다른 것을 배우고 싶다든가, 계속 뭔가를 좀 바꾸어보겠다든가 하는 것들이 있지 않나요? 무조건 공부하는 것을 좋게 받아들이시네요. 주말에 가까운 데 가서 사우나도 하시고 그러면 좋을 텐데요. 북에서 하셨던 것처럼 아드님이랑 공원도 가시고 하면 좋은데, 그럴 시간이 없는 거죠? 마트에는 가세요?

박: 마트는 가까운 데 가요. 가서 간식도 사오고 그러는데, 다른 곳으로 놀러 가기에는 시간 내서 가야 하니까 덜 가게 되죠. 놀이동산 같은 데는 못 가요. 우리 애가 가끔 그런 데 가자고 얘기하면 내가 엄청 반가워할 텐데, 그런 소리를 잘 안 해요. 그럴 때 섭섭해요. 아직 여자친구는 없는 것 같고. 친구들이랑 놀러다니겠죠? 자기 친구들이랑 놀러 다니고 게임하고 이런 거를 좋아하는 거 같애요. 한참 그럴 때잖아요. 자라면서 아빠 마음을알아주면 좋겠지만. 그러니까 서로 잘 살면 돼요. 가끔 교회에나가고는 해요. 교회에서 사람을 만나 인연을 맺기도 하잖아요.매번 가지는 못해도, 가끔은 가서 맺었던 인연들과 얘기 나누고해요.

전: 아, 정말요? 그러면 궁금한 게, 북한 대학교에서 주체 철학을 강의하셨잖아요. 철학과 종교는 연관이 얼마나 있다고 보세요?

박: 자본주의 철학이 종교라고 생각하기 때문에, 그런 쪽에 있어서는 별로 말하고 싶지는 않구요. 나는 뭐 종교의 옳고 그름을 떠나서, 그냥 교회에 나가서 좋은 인연들을 만나고 싶어요. 한국에 그런 말이 있죠? '친구 따라 강남 간다.'는 소리요. 그런 것처럼 좋은 인연들하고 만나서 교제하고 맛있는 거 먹고 그러면 된다고 생각해요. 믿음보다도 좋은 인연들을 만나러 가요. 북한에는 교회가 없어요. 신자본주의 철학이라고 해서 교회를 못 다니게 해요. 그런 신앙을 용납 안 하니까요. 사회적으로 안 좋게 보니까요.

전: 직장에서 최근에 재밌으셨던 일이 있으실까요?

박: 모르겠어요. 그냥 사는 거죠. 정신없이 일하다 보면 퇴근시간이고 그래요.

전: 몇 강의나 하세요?

박: 뭐 아침에 3강의, 오후에 3강의. 아침 9시부터 하죠. 그리고 빈 시간에 자기 업무를 하죠. 할 일이 없어야 '집에 빨리 가고 싶다.' 이런 마음이 드는데, 일에 파묻혀서 사니까 '집에 가고 싶다'는 생각을 거의 못 해요. 여태 일하면서 집에 가고 싶다는 생각은 한두 번 정도? 짬만 있으면 앉아서 업무 수행하고, 업무 수행을 다 못하면 내 자체로 과제들 있는 거 보고 그러죠. 그러다 보면 시간이 흘러요. 퇴근은 6시 반 정도에 해요. 야근은 거의

안 해요.

전: 차수, 연차가 높아지면 월급도 올려주나요?

박: 그건 올려줘요. 잘하면 많이 올려주죠, 잘 못하면 많이 못 올려 줘요. 자격증 있다고 해서 더 많이 올려주거나 하지는 않아요. 그것은 회사하고 다른 것 같아요. 회사에서는 자격증에다가 경력까지 쳐서 월급도 많이 주는데, 이곳은 꼭 그렇지 않아요. 웬만한 기업들에서는 생각해서 월급을 더 주기는 하지만은, 자격증 있어서 이만큼 올려준다는 것은 없어요.

전: 선생님. 말씀을 너무 잘 해주셔가지고 두 번에 끝날 수도 있을 거 같습니다. 그러면 남한에서 어떤 사람이 가장 꼴보기 싫었어요? 진짜 저런 인간이 다 있구나 할 정도로요.

박: 개인주의가 제일 안 좋죠. 특정한 인물을 떠올리거나 기억하고 싶지는 않아요. 그런 건 잘 기억 안 하려고 합니다. 말하기도 싫고. 감정만 안 좋아지니까요. 회사라는 것도 집단생활이잖아요. 집단생활에서 첫 번째 기준이 뭐예요? 돕지는 못할망정 남에게 피해를 주지 않는 거예요. 서로 공조 공유하는 거는 당연한 거고요. 상대방한테 피해를 주지 않는 게 중요해요. 그런데 어떤 분들은 남한테 피해를 주면서도 그게 피해인 줄을 몰라요. 개념 없이 말 같지도 않은 말을 탁탁 던지는 거죠. 그런 사람들은 꼭 어디 가나 있잖아요. 그러면 속으로 '가정교육을 어떻게 받았냐'고 생각해요. 집에서 가정교육을 어떻게 받았으면 학교생활도 그렇고, 대학생활도 그렇게 하냐 싶어요. 대학까지 나왔다고 하

는 인간인데, 초등학교로 다시 보내야 하지 않을까 싶을 정도로 인간이 아닌 것 같은 사람도 있죠.

전: 그런 사람들은 그냥 무시하던데요? 너무 상태가 심각하면?

박: 처음부터 무시하진 않잖아요. 어떨 때는 내가 돈만 많으면, 그 사람한테 돈을 쥐어주고 한 대 패고 싶은 생각도 했죠.

전: 남자들은 보통 뭐 하나요? 술 마시나요? 여자들은 속상하면 울 거든요. 20대 때는 그런 적이 있었죠. 저한테 막 뭐라 그러면은 솔직히 앞에서는 자존심 상하니까 못 울지만, 뒤돌아서서 울고 그랬어요. 선생님 어떻게 하셨어요?

박: 나는 술을 좋아하지 않으니까. 운동이나 하고 그랬을 거예요. 여기서는 그 정도로 속상한 적은 없고. 혼자 그저 속으로 털어 내곤 해요.

전: 아드님한테 스트레스를 풀거나 하지는 않죠? (웃음)

박: 안 풀어요. 그런데 안 좋은 친구들 만나고 그러면, "죽일 놈의 새끼"라고 소리치면서 풀죠. 그런데 친하고 안 친하고를 떠나서 아들한테도 속에서는 친한 친구 있고 미운 친구 있을 거니까요. 관계 맺은 친구는 오래 갈 것이고, 그렇지 않은 친구는 금방 헤어질 것이고. 저도 마찬가지구요.

전: 그때 말씀해 주셨던 것 중에요. '북한 사람하고 남한 사람이 같이 근무하면 왜 서로 충돌이 일어날까?'라는 질문을 드리니까, 선생님께서는 '남한과 북한이라는 간격이 있기 때문이다, 간격

을 허물어야 한다, 북남이라는 것을 없애야 한다.'고 말씀해 주
셨어요. 그 간격이라는 게 구체적으로 무슨 의미일까요?

박: 글쎄요. 서로의 생각이겠죠. 북과 남이라는 생각이 항상 있잖아
요. 그런 생각을 잊어버리면은 그 간격이 없어지는 거죠. 개인
의 노력으로는 안 되겠죠. 국가적인 문제도 필요할 거고. 어떤
민간단체들이나 사회적 단체들이 노력도 해야 할 것이구요. 그
렇게 해서 개개인의 생각을 없애는 거겠죠. 내 개인의 생각을
없애서 그것을 전파하자면은 많은 시간이 필요하겠죠. 그러나
사회적으로, 국가적으로 그것을 없애는 데에 같이 동참해 주면
은 간격을 좁히는 시간을 좀 단축할 수 있겠죠.

전: 국가적으로 어떤 일을 하면 그 간격을 허물 수 있을까요?

박: 언론에서도 나오잖아요. 탈북자들 뉴스가 터지면은 반드시 빨간
불이 켜져요. 아닌 게 아니라, 우리는 항상 빨간불이 켜져요. 북
한에서 왔으니까요. 그럴 때 가끔 서운할 때가 있어요. 빨간 게
위험 신호잖아요. 그러니까 북한 사람들을 우리는 나름대로 '빨
간불'이라고 그러거든요. 우리 친구들끼리는 그래요. 그러니까
쟤네들이 우리를 빨간불로 생각하기 때문에, 우리도 조심해야
한다는 식으로 말해요. '너무 그런 쪽으로 생각하지 말자.'고 하
는데 현실적으로는 안 좋은 쪽으로 생각하게 되는 때가 많아요.
좋은 분들도 많지만은 또 그거 하나하나를 정치적으로 이용하
려는 사람들도 있잖아요. 민간단체들이나 우익 쪽에서 이용하려
는 분들도 있고요. 그러니까 한국 언론이 사람을 살리자는 건지
죽이자는 건지, 이해가 안 되는 쪽으로 글을 써서 내보낼 때가

있더라구요. 그게 제일 문제죠. 어쨌든 그 문제로 인해서 남한 분들도 힘들어하시는 분들도 많드라구요.

전: 그럼 회사에 후배들도 있으세요?

박: 후배들도 있죠. 우리 회사라기보다도요. 가끔 내가 상담사 일을 할 때 만났던 학생들도 있고 그래요. 주로 취업과 관련해서 상담을 했는데, 하다못해 이력서 제출하는 것부터 그 다음에 적응하는 것까지 해서 도와주곤 했어요. 학생들도 그렇고, 수료하고 나가신 분 중에도 많아요.

전: 북한 분들이 많이 배우러 오세요?

박: 네. 많이 오죠.

전: 어떻게 보면 원장님이 그런 쪽에 관심이 많고 하면 선생님도 좋으시겠네요. 북한 분들이 처음에 배우러 왔는데, 뭔가 반가울 거 같아요.

박: 반갑죠. 한국 분들이 북한 분들한테 이래라저래라 지적하면 서운할 것도 제가 이래라저래라 지적하면 이해할 될 때도 있어요. 그때 남과 북이 약간 차이가 있고 다르다는 생각을 가져요. 저도 모르게 갖게 돼요. 다른 점이 있다면 내가 북한 분들하고 더 따뜻한 감을 느낀다고나 할까요. 수업할 때 지루하면 북쪽 얘기도 해요. 그러면 동질감을 갖고 좋아해요. 그러면 재밌죠. 나한테 배운 분들이 자격증을 따서 공기업이나 관공서에도 들어가고 했어요. 그런 게 보람인 거죠.

전: 그분들도 잘 배워서 자격증을 취득해 잘 취업하신 거잖아요. 그러면 이제 보람이 되겠어요. 가르치시는 입장에서요. 학생들하고 인연은 오래 지속되나요?

박: 보통은 1, 2년 정도는 가는 거 같애요. 더 긴 분들은 뭐 그 후에도 3, 4년씩 지나도 가끔 전화가 오거나 문자가 와요. '잘 지내시냐'고 하고, 설날이나 명절 때에도 모르는 번호로 문자들이 굉장히 들어오죠. 그러면 누군지 일일이 물어보기도 그렇고요.

전: 선생님이 인기가 완전히 많으시네요. 이렇게 선생님과 문자로 안부를 묻고 하는 게 쉬운 일은 아니죠. 그러면 어떨 때 가장 속상하세요? 학생들과의 관계에서요.

박: 학생 몇 분이 있었는데, 1개월 정도 학교를 다니다가 그만 뒀어요. 왜 그런가 하고 알아봤더니, 가족이 오다가 중국에 붙들렸다고 하더라구요. 그런 소문들이 있으면 안타까운데 그분들을 도와주지도 못할 때가 있어요. 그런 얘기를 들으면 속상하죠. 그렇기 때문에 '빨리 현장 나가서 돈을 벌어야 된다, 노가다를 하건 알바를 하건 간에 돈을 벌어야 해결이 된다.'고 해요. 내가 만약에 엄청 돈이 많은 기업이나 부자라면 그런 사람들을 지원해주고 싶은 생각이 있어요.

전: 마음 아프시겠지만 그렇게 돕는 일은 어려운 거잖아요. 그런 말씀을 자주 들으시나봅니다. 많이 접하시니까요. 그런 거 보면은 빨리 통일됐으면 좋겠다는 생각뿐입니다. 통일 전문가들도 그런 말씀을 많이 하시더라구요. 향후 20년 전후에 통일이 되지 않을

까 하구요.

박: 글쎄요. 20년이란 세월 안에 어떻게 될지 누가 알겠습니까. 개
개인의 상처도 많고, 멍도 깊죠. 정책 문제도 있을 것이고요. 그
리고 통일에 대한 개개인들의 생각도 많이 달라져야겠죠. 일단
뭐 남한 땅에 첫발을 들여놓는 북한 사람에겐 통일부나 국정원
에서 교육할 때 인식을 전환시키는 게 중요하겠죠. 그러면 개개
인들의 생각이 바뀌는 데 도움이 되겠죠.

전: 어떻게 보면 선생님은 성공적으로 정착하신 분이라고 볼 수 있
겠네요. 제 주관적인 느낌이지만요.

박: 그렇죠. 그렇다고 다 열심히 하는 건 아니에요. 한국 분이나 북
한 분들이나 다 똑같죠. 열심히 사시는 분들도 있고, 그렇지 않
은 분도 있고. 안 좋은 생각을 하시는 분도 있고, 그렇지 않은
분도 있구요.

전: 직장이 선생님한테는 어떤 의미인가요? 그때 잠깐 말씀해주시긴
했는데요.

박: 나한테는 생계 수단이기도 하고요. 그리고 기본적으로는 사회생
활 중 하나죠. 집단생활을 이루는 한 구성요소가 아니겠습니까.
내가 돈이 많다고 해서 그냥 놀기만 하면 그게 무슨 생활이겠어
요. 밖에 나가서 사회인들하고 같이 대화도 하고, 무엇인가를
이루기 위해서 함께 일도 하는 것이 중요하죠, 돈이 기본이라고
생각하는 것은 아니라고 생각해요. 자본주의 사회니까 돈이 필
요한 것은 알겠지만, 돈을 위해서 직장생활을 하기보다도 함께

지내는 사회, 친구와 함께 좋은 사회나 가족을 이루려는 목표가 있어야 하지 않을까요.

전: 그러니까 직장의 의미는 생계를 위한 것이고, 사회적인 교류를 위한 것이고, 좋은 사회를 만들기 위한 것이네요. 그렇다면 보험제도나 휴가제도 등, 한국 사회의 제도에 대해서도 만족스러우신 편이신가요?

박: '만족한다.'라고만 생각하지는 않아요. 그냥 뭐 '이루어지는 것만큼은 이루어질 것이다.'라고 생각해요, 내가 불만족스럽다고 해서 당장 이루어지는 것도 아니잖아요. '진짜 이거 안 했으면 좋겠어, 이거는 이렇게 했으면 좋겠어.'라고 자꾸 생각해 봐야 나만 힘들거든요. 여기저기에 건의는 할 수 있겠지만 너무 그것에 연연하고 싶지는 않거든요.

전: 회사의 규칙에 대해서 이렇다 저렇다고 건의할 수 있지만 대체로 따라간다고 해야 되나요?

박: 회사를 다니다 보면 요구해야 할 것, 그렇지 못할 것들이 보이잖아요. 경제적인 면도 어느 정도 보이고요. 그래서 회사 상황에 맞게 요구해서 될 것이 있고, 안 될 것도 있더라구요. 나오지도 않는 젖을 자꾸 짜봐야 의미가 없잖아요. 아프기만 하지. 나올 젖을 짜야 의미가 있는 거죠. 서로 상처만 될 게 아닙니까. 그렇기 때문에 상황을 보고 '우리 회사가 어느 정도다, 요만한 정도에서는 해결해 줄 수 있겠구나, 이건 해결해 줄 수 없겠구나.'라고 판단해서 요구해야죠.

전: 상황을 잘 보시네요. 휴가는 1년에 며칠 정도 받나요?

박: 10일에서 15일이라고 하는데, 그 기간을 다 놀아야겠다는 생각은 안 해요. 급한 일이 없으면 놀지, 그냥 노는 것도 아닌 것 같고요. 일이 재밌기도 하고, 좋아한다기보단 그냥 그래요. 힘든 생각이 들면 차라리 일을 하고, 바쁘게 살아서 힘든 생각이 덜어내려고 해요.

전: 맞아요. 힘든 일 있으면 가만히 있는 것보다 움직이는 게 나아요.

박: 네, 더 힘들고 더 처지고 해야 안 좋은 쪽으로 빠지지 않아요. 그럴 때는 뭐, 친구들하고 통화하고 그래요. 내가 힘들면 힘든 대로 통화해요. 정 못 견딜 때 친구들하고 통화하고 그래요. 요즘은 가능하면 혼자 삭이는 게 많죠. 그냥 털어버리죠. 그러다가 친구들 만나서 얘기도 하고. 형님뻘 되는 분들 한 대여섯 명 만나서 얘기하고 그래요. 그분들도 시간되면 만나서 밥 사주고 그래요. 그러면 앉아서 훈시 듣고 그래요. 한국 분들도 좋은 분들을 많이 만났어요. 그분들을 찾아가면 나름대로 위로도 해주시고 그래요. 그런 게 힘이 돼요. 내가 힘든지 안 힘든지를 떠나서 종종 전화가 와요. 그래서 "시간 되면 밥 먹자." 그래요. 그러면 나도 시간 날 때 전화도 하고 그래요. 그분들 만나서 '그때 어떤 놈 만났는데, 짜증났다.' 이런 식으로 고자질 하고 그래요. 그놈을 같이 욕해주면 시원하고 후련하죠.

전: 뭔가 따뜻함이 느껴지네요. 남자들의 세계에서 의리 같은 거. 어쨌든 선생님의 속마음을 털어놓는 기회가 되셨으리라 믿어

요. 그런 의미에서는 선생님도 저한테 밥을 사셔야 하는 거 아닌가요? 농담이구요. 인터뷰에 응해주셔서 정말 감사합니다.

박: 제가 되레 감사합니다. '나'라는 사람에 대해서, 그리고 내가 한국에서 생활하는 것에 대해서 돌아볼 기회가 됐습니다. 내가 얘기하면서도 잘못한 생각이 들 때는 '그런 것은 고쳐야겠다.'고 생각한 때도 있었어요. 긴 시간 대화를 나눠주셔서 고맙습니다. (끝)

인터뷰를 마친 후, 공가를 마련해 주신 선생님(이 책의 네 번째 주인공)께 연락하여 함께 추어탕을 먹으러 갔습니다. 내 차를 함께 타고 이동하며 우리는 인터뷰이가 앞으로 결혼을 해야 할 필요성이 있는지에 대해 의논했습니다. 도착한 곳은 부천의 한 할매 추어탕집이었습니다. 어두컴컴한 공가를 빠져나온 것만으로도 상쾌한 기분이었습니다. 네온사인이 여기저기 반짝이고, 사람들은 토요일 밤을 맘껏 즐기는 분위기였습니다. 우리는 별다른 주제 없이 인터뷰를 하게 된 이유와 살아가는 이야기를 나누며 모임을 마쳤습니다.

곽상인 노트: 소신 있는 지식인

　박상철의 대화록을 정리하는 데에는 시간이 오래 걸리지 않았다. 말을 할 때 문장을 완성하는 능력은 물론, 자신의 논리를 정연하게 풀어내는 기술이 그에게 있었기 때문이다. 장황하게 사건을 늘어놓는 게 아니라, 구체적인 상황을 필요한 만큼만 풀어놓았다. 그러면서도 비판적인 시각을 놓지 않았다. 예컨대 주어와 서술어가 대체로 일치했으며, 메시지도 명확해서 이해가 빨랐다. 아울러 상황을 디테일하게 설명하면서 문제의식이 어디에서 생겼는지, 그래서 어떤 부분을 어떤 식으로 해결했는지를 잘 설명했다. 북한에서 교수를 했다는데, 사실로 믿어졌다.

　북한에서는 교수로, 한국에서는 강사로 활동하고 있는 박상철은 소신 있는 지식인이라 생각한다. 그의 이야기에서 인상적이었던 부분은 남한에 처음 왔을 때 겪었던 수모, 남북한의 문화 차이에서 비롯한 갈등, 한국의 교육 현장 비판, 북한의 대학 생활, 교육자로서의 자부심, 가족에 대한 사랑 등이다. 각각의 사건에 대해 남한과 북한의 차이가 어떻게 드러나는지, 어떤 부분이 더 나은지를 서슴없이 말했다. 비교와 비판을 할 때에도 맥락을 짚고 얘기했으며, 미루어 짐작하는 추론을 피하고 사실을 전달하려 했다. 특히 북한의 대학교 생활에 대해 언급할 때는 무척 흥미로웠다.

　그는 한국에 와서 여느 북한이주민과 다를 바 없이, 말투 억양 때문에 차별을 받았다. 학원에서 일하다 보니 직장 동료는 물론 학생들에게까지 무시를 당하는 처지에 놓이기도 했다. 그런데 스스로 북한이주민임을 밝히고 남한사회에 적응하려고 노력하다 보니, 이제는 불편함 없이 편안해졌다고 말했다. 한때 학원 내 청소 문제로 인해서 남북한의 문화가 어떻게 다른지를 경험했는데, 이때 남들을 배려하는 것이 결코 좋은 일만은 아니라는 것을 알게 되었단다. 그러면서 남한사회가 극심한 개인주의로 빠지는 것은 아닌지 우려의 목소리를 냈다.

한편, 재미있었으나 문제가 있었던 대목은 그가 강사로 일하게 되었을 때 겪은 경험담이었다. 한국 학생들의 교육을 받는 태도가 북한과 많이 달라서 놀랐다는 것이다. 북한에서는 수업 시간에 조는 학생들이 없으며 모두 선생님의 말씀을 경청하는데, 한국에서는 절반가량이 엎드려 있거나 수업에 집중하지 않고 딴짓하고 있다는 것이다. 그러면서 한국의 교육 현장에 문제가 있다고 비판했는데, 이는 인상적이었다. 이 점은 우리가 반성해야 할 부분이 아니겠는가.

그럼에도 그는 교육자로서의 자부심을 느끼고 있었다. 자신의 수업을 듣고 취업에 성공해서 종종 찾아오는 제자들을 볼 때 뿌듯함을 느낀다고 했다. 자신이 지금까지 일을 할 수 있었던 것은 가족에 대한 사랑이 있었기에 가능하다고 했다. 최선을 다해 살아가는 그에게 경의를 표한다.

김지일 노트: 글로 만난 북쪽 선배님, 박상철

그의 서술 내용을 살펴보면 전반적으로 한국 사회의 시스템과 환경에 안정적으로 정착했다고 볼 수 있겠다. 물론 55세의 나이에 한국에서 학원강사로 학생들을 가르치는 것부터가 긍정적으로 바라볼 부분이다. 이렇게 학생들을 가르치는 강사라서인지 마인드도 긍정적이고 사회의 편견이나 삶을 대하는 태도에서 어느 정도의 안정과 성숙이 많이 느껴진다. 이 분에게서는 북한에서 강요받았던 전체주의, 즉 공동체를 위한 개인의 희생이나 이로 인한 성실성과 헌신성 같은 것이 잘 느껴지지 않는다. 다만 한국사회에 잘 적응해서인지 북한과 남한에서의 생활이 적당하게 균형을 이루고 있는 듯하다. 그래서 더 안정적인 사회생활을 하고 있는 게 아닐까 생각한다. 한편으로는 북한식 마인드의 순진성을 정직하게 가지고 계신 듯하다. 예컨대 '인간은 인간 앞에 솔직하고, 기만하지 말아야 한다.'거나, '한국 사람들의 여우같은 모습에 역겨운 감정이 있다.'고 언급한 부분, 학생들이 선생님을 대하는 태도에서 실망감을 경험한 내용 등이 그러하다.

2회차 인터뷰 내용을 보면 점차 한국사회에 적응해가는 그의 모습이 드러난다. 예컨대 한국에서 청소를 열심히 하는 것도 자신에게 상처가 된다는 것을 알게 된 부분이 그렇다. 북한의 경우에는 어릴 적부터 부모들이 자식들에게 '물건은 항상 제자리에 놓아야 한다.'고 가르치고, 사회적으로는 거리와 마을을 항상 깨끗하고 알뜰하게, 학교나 직장(회사)들에서는 나의 집처럼 내 주변을 깨끗하게 거두고 관리하자고 강

권한다. 그가 말하는 청소 문제는 과연 한국 사회 시스템의 문제일까, 아니면 북한식 세뇌에 의한 남북한의 차이일까 생각해보게 된다. 한편 학원강사로 활동하면서 동료들에게 불편한 시선이나 기분 나쁜 감정을 느낄 때도 있지만, 그것에 대해서 그가 화를 내거나 적대적으로 보려고 하지 않는다. 남한에서 일할 수 있다는 것에 대한 감사와 더불어서, 자신이 하는 일 덕분에 가족을 지킬 수 있다는 따뜻한 마음이 있기에 이를 버티는 듯하다.

이 분은 북한에서도 '마음 따뜻하고 정직한 교수'였을 것이다. 이렇게 생각하게 된 데에는 두 가지가 있다. "마음 따뜻하고 정직한"이라는 표현을 쓴 것은 인성이 매우 좋으시고 지적이시고 선하신 분이라는 느낌이 들어서다. 그리고 "교수자"라는 표현을 한 것은 다른 분들과 달리 사회를 바라보는 시선이 날카로웠기 때문이다. 편견과 차별을 대하는 관점이나 잘못된 지점을 꿰뚫는 것도 비판적인 시각이 없으면 불가능하다. 교수는 역시 아무나 하는 것이 아님을 깨닫게 된다. 왜 모든 사회에서 교수의 의견을 존중하고 신중하게 받아들이는지 어느 정도 알게 되었다. 이 분의 인터뷰 내용을 보면서 나도 모르게 따뜻함이 느껴졌고, 교수자의 모습에 대해 다시 생각해 보는 기회가 되었다.

3

손재간 덕에 먹고 삽네다

가명 : 정인호(66세), 아파트 경비원

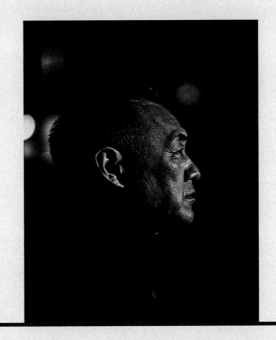

고향은 황해도입니다. 2005년 1월에 인천공항에 떨어졌어요. 58년생이고 북한에서 직업은 선전대입니다. 딴따라라고 하죠? 북한에서 공업고등학교를 졸업했어요. 북한에서 공업고등학교 졸업한 사람은 많이 없습니다. 평양지하철에서 일했었고요. 거기서 내 운명이 바뀐 거지요. 보고 들은 게 많다보니까. 북한에 85년생 딸과 그 밑의 동생, 그리고 본처가 있습니다. 현재까지 소식을 모릅니다. 자식 데려올 수 없으니 마음 아프죠.

어쨌건 여기 남한에서 북한 출신 여성과 2006년에 결혼했어요. 현재 의지하며 잘 지냅니다. 지금 부인은 여기 와서 1년 정도 있다가 만났어요. 본처보다 더 오래 살았습니다. 동질감이 있다 보니 정 붙이고 사는 거지요. 북한에서 아버지가 목수셔서 그런가, 그 피를 물려받은 듯합니다. 손으로 하는 건 다 잘합니다. 눈썰미가 좋아서 한번 보면 다 따라서 만들 수 있습니다. 유일한 재능이랄까요. 그 덕분에 러시아에서도 버틴 거죠.

일을 함에 있어 몇 가지 신념이 있습니다. 능력주의로 나아가야 합니다. 사람에게는 능력이 중요하죠. 그러니까 장인 정신을 가지고 노력해야 하지만, 그렇다고 욕심을 과도하게 가지면 사회가 망가집니다. 특히 탈북민은 '한국 사람이 아니다'라는 사실을 꼭 명심해야 합니다. 제가 생각하기에 탈북민은 한국 사람이 아닙니다. 신분증은 가지고 있지만 태어난 곳은 아니에요. 그러니까 그만큼 자신의 부족한 부분을 알고 노력해야 한다는 것입니다.

첫 번째 만남

인터뷰어: 전주람(이하 '람')

인터뷰이: 정인호(가명, 이하 '호')

인터뷰 일시 및 장소: 2021년 4월 24일(약 2시간), 강서구 소재 A복지관 내 상담실

초고 완성 및 북한 관련 내용 감수자: 김지일

내용 구성 및 정리: 곽상인

●●●

강서구 소재에 위치한 A복지관에서 그를 만났습니다. 이전 연구 참여자의 소개로 인연이 닿아 처음 만났습니다. 상담실로 들어오는 그의 모습에는 당당함과 유쾌한 이미지가 섞여 있었습니다. 거친 말투 속에는 힘 있는 의지가 묻어 있었고, 내게 무얼 묻겠냐고 다소 공격적으로 여쭤보았습니다. 하하하. 그러면서도 그는 인터뷰를 통해 자신이 반드시 도움이 되겠다는 확신이 가득 차 보였습니다. 기대감이 가득 찬 채 인터뷰를 시작하게 됐죠.

람: 안녕하세요. 한국에 오시게 된 경위를 설명해주실 수 있나요?

호: 러시아를 경유해서 왔어요. 거기서 운 좋게 고려인을 만났어요. 그 주인이 고려인이다 보니 제 사정을 봐주고 잘 해줬어요. 그 집에 고용돼서 일했거든요. 거기서 온갖 일을 다 했어요. 거기가 제일 추운 날은 평균 영하 30도 정도 합니다. 벌목하는데 영하 40~50도로 느껴지거든요. 코에서 얼음이 막 나온다니까요. 다들 얼어 죽어요. 그 당시 한 달에 돈 100만 원씩 주면서 먹고

117

재워준 게 난 고마울 뿐이죠. 거기서 일하면서 한국 가려고 목사를 계속 만나려고 했어요. 그러다 알게 된 사람이 목사네 집을 수리해 달라고 하더라구요. 3개월 동안. 그 집으로 옮겨 수리해줬지요. 3개월 끝나니까 천 달러 주더라구요. 내가 목사한테 사정을 말하고 한국대사관에 가야 한다고 했어요. 그분이 날 도와줬지. 10시간 타고 대사관으로 갔죠. 사람이 살려니까 그렇게 되더라고요. 그렇게 고생하고 한국에 왔죠.

람: 그래도 손재주가 있으셔서 보람되게 보내셨네요. 한국으로 오는 게 두렵거나 막막하지는 않았나요?

호: 일단 막막하더라고요. 무엇을 어떻게 해야 하는지 알려주는 사람이 없는 거예요. 그래도 난 손재주라도 있으니까 뭐라도 하고 먹고 살 수 있을 거라 생각했죠. 다른 사람들은 아무것도 없는 거예요. 해봤자 장사를 하거나 직장에 다니거나 하죠. 다시 시작해야 하는 거죠. 그런데 한국 사람도 똑같잖아요. 시골에서 올라오면 대학에 가든지 자기 진로에 맞는 뭔가를 찾아야 하잖아요. 저도 일단 인력시장에 나간 거죠. 거기서 일을 직접 찾아 나간 거지요. 그 전에 3달 동안 경비를 섰어요. 근데 나하고 적성에 안 맞는 거예요. 일산 ○○동에 조그만 빌딩 있거든요. 한 달에 75만 원 줬어요. 근데 답답하고 안 맞더라고요. 노가다가 힘들지만 배우는 게 많았어요. '아, 건설은 이렇게 하는구나.'하고 배웠죠. 한국 사람들하고 얘기하면서 사정을 알게 되었고요. 학교에서만 배우는 게 아니에요. 이론적으로 아무리 배워도 현장 감각이 없으면 아무것도 못 해요. 그래서 대학을 졸업하고도

인턴을 하는 거잖아요. 그러다가 운 좋게 고향 분을 만났어요. 그분이 호텔 회장이었는데, 당시 ○○호텔에서 250만 원 주면서 날 고용해준 거예요. 거기서 6년 동안 일 잘했죠. 근데 호텔이 망해가지고 실업급여 6개월 타다가 아파트 관리소로 들어간 거예요.

람: 인맥도 좋으셨네요. 그나저나 손재주가 있어서 얼른 다른 직업을 구할 수 있었네요.

호: 손재간이 있으니까 1년 경비 세우더니 기계실로 오라는 거예요. 그 손재주 하라고 여기저기서 잘 불려 다니고 했죠. 참 다행스러운 일입니다.

람: 한국에 온 소감이랄까요. 한국의 첫인상은 어땠어요?

호: 한국에 온 소감이요? 한번 마음속으로 상상해보세요. 얼마나 황홀한지. 한국에 처음 와서 공항에 내려가지고 쫙 고속도로 타고 들어오잖아요. 누가 마중을 나왔더라고요. 국정원이었어요. 그때 '천국에 왔구나' 싶었어요. 흥분이 막 되는 거예요. 그렇게 감사하게 한국생활을 시작했어요.

람: 혹시 남한으로 오실 때, 어떤 마음을 먹고 오셨나요?

호: 내가 가진 몇 가지 신념이 있어요. 늘 다짐하며 살거든요. 첫째로, 능력이 중요하다는 겁니다. 이 사회에서 버티려면 뭐든 자기가 할 수 있는 거 한 가지는 있어야 한다는 거죠. 둘째로 장인정신이 필요해요. 성심성의껏 끝까지 해낼 수 있는 의지. 그

리고 욕심을 내려놔야 해요. 더 가지려고 하니까 사회가 망가지는 거예요. 자기 분수껏 살아야죠. 제가 여기 한국에서 태어난 사람을 어떻게 따라잡습니까? 못합니다. 내 분수껏 살아야죠. 마지막으로 탈북민은 한국 사람이 아니라는 겁니다. 이 생각을 잊으면 안 됩니다. 제가 생각할 때 탈북민이 한국 사람은 아닙니다. 신분증은 가졌지만 태어난 곳은 아니에요. 물론 이방인 취급하는 인식을 개선하려면 방송에서 교육사업도 필요하지만, 당사자인 사람들은 탈북민임을 잊지 않아야 합니다.

람: 북한에도 복지, 인권이 있습니까?

호: 뭐라 할까. 사회 자체가 김씨 일가를 신처럼 받드는 거예요. 서민은 아무것도 없는 거야. 상류 1%만 사는 거예요. 전 세계에도 이런 나라는 없어요. 거긴 여권도 개인이 소유하지 못해요. 여권 만져보지도 못해요. 맘대로 어디 갈 수를 없는 거야. 북한에는 그런 교육이 없기 때문에 우리 여기 와서 엄청 고생해요.

람: 아, 그러니까 여권을 개인이 소유하는 게 아니네요.

호: 개인이 갖긴 하지만 받기가 엄청 어려운 거지요. 난 북한이 그런 나라라는 걸 알아가는 데 한 5년 걸린 거예요. 그래도 다 모르지. 북한에서 온 사람은 정보가 없고. 중국 사람 여권을 사고서야 살 수 있었던 거요. 그걸 어떻게 해야 할지도 몰랐죠. 지금 보면 아예 몰랐던 거야. 그래도 어디서 그런 풍월을 들어가지고 여권은 가지고 다녔어요. 5년 살고 보니 이게 아닌 거야. '난 소나 돼지보다 못했구나.' 이걸 깨달은 거죠. 내가 거기서 한 2년

벌어가지고 상트페테르부르크(Санкт-Петербург)
로 도망갔잖아요. 처음 북한에서 소련 갈 때는 여권 만들어서
줬지. 일 시켜 먹으려고 보낸 거지요. 내 개인이 돈을 벌기 위해
서, 발전하기 위해서 가는 게 아니에요. 한국은 돈을 벌면 내가
다 가지잖아요. 거긴 그게 아니야. 소련에 가서 눈을 뜬 거지.
근데 상트페테르부르크가 모스크바보다 멋있어. 기차 타고 갔어
요. 거기 증명서가 있어요. 운전면허증 같은 거예요. 신원 확인
이 되면 기차를 탈 수 있어요. 기차 타고 한 주일 갔어요. 한 주
동안 가야 되는 거예요. 한국에 오면 반역자 취급을 하니까 유
럽 쪽으로 날아가려고 했지. 거기가 가깝거든. 근데 도저히 안
되는 거야. 여권이 없으니까. 그래서 내가 중국 여권을 사가지
고 돌아댕겼지. 아니면 나가서 거지를 해야 되는 거잖아요. 국
경 도장을 찍어야 되는 거잖아요. 그걸 찍지 못하니까 경찰만
만나면 돈을 뺏기는 거야. 그때는 경찰한테 돈 주면 놔주고 그
랬어요. 잡히면 누가 나를 데리러 올 때까지 있는 거예요. 감옥
에도 내가 몇 달 갔다 왔어요. 링그란드에서.

람: 아, 고생이 많으셨네요.

호: 그런데 운이 좋았다고 봐야지. 거기서 고려인을 만났어요. 거긴
고려인이라고 해야 알아요. 그 사람이 한국말을 조금 하더라고.
그 사람한테 '내가 진짜 고려에서 왔다, 일감을 찾는다, 세빌리
고려다.' 대화가 되는 거예요. '쎄빌리'는 러시아어로 '북'이거든
요. 근데 나를 어떤 사람한테 인계하더라고. 그래서 가보니까
지금 말로 치면 3층짜리 집이에요. 거기서 미장일부터 시작해서

한 6개월 일했어요. 고려인이니까 말이 통하잖아. 그래서 타일 붙이고 장판 강화마루 깔고, 천장 해주고, 테이블 만들어주고, 계단도 만들어주고 그런 거 다 했어요. 이불창도 만들어주고. 지금으로 치면 붙박이장이에요.

람: 기술이 있으셨네요.

호: 눈으로 보면 한다니까! 손 감각이 있어요. 학교 다닐 때 공부는 하기 싫어했어요. 아버지가 목수였어요. 우리 아버지가 목형공이에요. 큰 공장 가면 목형을 한다고. 그것을 처음에 마스터한 사람이 아버지였죠. 그 형틀을 만드는 사람이에요. 나무 갖고 하는 건 다 잘해요. 김일성 건설 할 때도 ○○군에서 총 책임자로 동원돼서 갔었어요.

람: 유전적으로 물려받은 게 있네요.

호: 난 북한에서 노래나 하고 딴따라로 살았죠. 나무로 하는 거, 한 번도 해본 적이 없어요. 근데 눈썰미가 있으니 되더라구요.

람: 노래도 좋아하시고 그러네요.

호: 그죠. 취미가 있는 거죠.

람: 3층 집에서는 월급을 얼마나 줬어요?

호: 1천 달러 주더라구요. 지금 돈으로 백만 원 정도 되죠. 어쨌든 방도 주고 먹을 거도 주고. 뭐 돈벌려고 간 게 아니라 겨울에 갈 데가 없으니까요. 거기서는 얼어 죽어요. 평균 영하 60도거

든. 보통이 20도에서 15도예요. 젤 추운 날은 평균 영하 30도. 벌목하는데 영하 40~50도 정도 돼요. 얼음이 막 나온다니까. 얼어 죽어요. 그 당시 한 달에 돈 100만 원씩 주면서 먹고 재워 준 게 난 고마운 거지.

람: 돈보다도 살아야 되니까요.

호: 완전 생존이죠. 거기서 1년 있었어요. 그 주인이 고려인이니까, 사정을 잘 아니까 잘 해줬지요. 거기 6개월 있으면서 한국으로 가려고 목사를 만났어요. 그래서 알게 된 사람이 목사네 집을 수리해 달라고 하더라구요. 3개월 동안 그 집을 수리해줬어. 그랬더니 천 달러 주더라구요. 다 끝나니까 교회 학교를 해달라고 하더라구요. 그래서 내가 "해줄 수가 없다. 내가 여기 오래 있으면 안 좋다. 그럼 목사님한테도 불미스러운 일이 생길 수 있다. 나는 한국대사관으로 가서 한국으로 가는 게 좋을 거 같다."고 했지. 그러니까 알았다고 그래요. 그리고 한 3일 있다가 한국대사관 보내주더라구요. 상트페테르부르크에서 모스크바까지 10시간을 가야 돼요. 조선반도를 가로지른 거만큼 돼요. 자동차 타고 갔죠. 100킬로 속도로 10시간을 가봐요. 몇 킬로가 되겠어요. 1시간에 40킬로 간다고 하면 400킬로잖아요.

람: 완전 영화네요.

호: 대사관 가서 해결이 좀 된 거지. 2달 반 있다가 독일로 갔고, 거기에서 한국으로 온 거지. 나라에서 추방한 걸로 한 거야. 프랑크푸르트에서 대한항공을 타고 한국으로 직행한 거지. 거쳐야

하는 이유가 있는 거지. 국제법에 그런 게 있는 거지요.

람: 한국에 오셨을 때 안도감이 들었나요?

호: 흥분되고 눈물이 쏟아질 거 같았어요. 한국 와서 한 달 동안 국
정원에서 조사 받고 했죠. 근데 내가 한국에 아무것도 없으니까
나의 이력을 만들어주는 거예요. 누구의 자손이고 이런 것들.
그것을 만들어서 국정원 컴퓨터에 다 기록하는 거지요. 지금 생
각해보면 나를 만들어주는 과정이었더라고. 하나원에 두 달인가
있다 나왔죠. 2005년 1월에 나왔지. 그때 직업을 알선해주는 체
계가 없어요. 무엇을 잘하는지 어떻게 해야 하는지 알려주는 사
람이 없는 거예요. 그런데 손재주가 있으니까 먹고 살 수는 있
겠다 싶었어요.

람: 맞아요. 처음에 할 수 있는 게 없죠.

호: 힘들었어요. 그러니까 처음에 내가 할 수 있는 게 노가다밖에
없더라구요.

람: 일용직 일자리는 누가 알려줬어요?

호: 인력시장에 나간 거죠. 인력시장에 직접 찾아 나간 거지요. 그
전에 3달 동안 경비를 섰어요. 근데 나하고 적성에 안 맞는 거
예요. 일산 ○○동에 조그만 빌딩이 있거든요. 75만 원 줬어요.
나랑 교대한 사람이 80살 먹은 사람이야. 난 그때 마흔이 안됐
잖아요. 너무 갑갑한 거야. 그때만 해도 피가 끓을 때인데. 근데
못하겠더라고요. 그래서 앞뒤 보지 않고 때려치고 말았지.

람: 일용직이야말로 힘든 거 아니에요?

호: 일용직은 힘들지만 배우는 게 많아요. 학교에서만 배우는 게 아니에요. 이론적으로 알아도 현장 감각이 없으면 아무것도 못 해요.

람: 맞아요.

호: 노가다도 하다가, 철도 공사에서 일하다가 한국사람들이 사기를 쳤어요. 10만 원 주겠다고 했는데 8만 원밖에 안 줘요. 속았어요. 그래서 내가 "거짓말했으니까 일 못하겠다."하고 나왔어요. 그때 내가 데리고 갔던 사람들 다 데리고 나왔지. 그랬더니 직원이 한 번만 봐달라고 하더라고. 난 "마음 떠났으니 다른 사람 찾아보라."고 했어요. 내가 그거 아니라도 먹고 살겠더라고. "손과 발이 있는 이상 당신같은 사람한테 머리 굽히지 않는다. 부자 돼라."하고 나왔죠. 드러워서 돈 받으려고 하지도 않았어요. 약속이잖아요.

람: 강단이 있으시네요.

호: 그리고 놀았어요. 한국 일자리가 많아요. 찾으면 다 있어요. 현장 야간도 하고. 아는 사람한테 전화하면 나오라고 해요. 250만 원 준대요. 거기 좀 다니다가 호텔 회장을 만나게 됐지요. 북한 고향사람이더라구요. 이태원에 호텔 있었어요. 근데 거기 와서 있으래서 6년 있었지.

람: 북에서 와서 호텔 회장까지 되셨네요.

호: 사업 능력이 있어야 되는 거예요. 초등학교도 못 나온 사람이에

요. 돈을 많이 주진 않았지만 내가 떠나지 않는 이상 날 버리지 않는다는 믿음은 있었지. 고향 사람이니까 잘 해줬어요. 근데 호텔 문을 닫으면서 나오게 됐어요. 사드 때 중국 손님들이 안 왔잖아요. 그래서 망했어요. ○○○동 가면 C호텔, G호텔 있잖아요. 그 부근이에요. 3~4년 전이지요. 그래서 6개월인가 놀았고, 국가보조금을 타 먹었죠. 고용노동부 실업급여도 타고. 좀 쉬어가면서 생활에 보태고 했어요. 그러다가 지금 아파트로 간 거죠. 그것도 복지관에서 해줬어요. ○○동 복지관에서요.

람: 어쩌면 운이 좋으셨네요.

호: 복지관에 취업 담당자가 따로 있어요. 자꾸 가서 매달리는 거죠. 그 사람들이야 귀찮지. 그래도 나는 자꾸 찾아가는 거야. 그럼 여기 가보세요, 저기 가보세요 그래요.

람: 적극적이세요.

호: 그래서 경비로 들어왔는데 1년 하다가 손재간이 있으니까 기계실로 들어온 거지.

람: 눈썰미가 있으시고 하니까 기술직으로 바꾸신 거네요. 복지사를 잘 만나신 거 같아요.

호: (사회)복지사들이 힘들죠. 탈북자들이 찾아가잖아요. 그러면 친절하게 물어보고 세심하게 다가가는 정신을 가져야 하니까 힘들죠. 찾아간 사람의 입장을 생각해야 하니까 그렇죠. 우리 입장에서는 우리 심정을 복지사들이 알아주면 좋죠. 난 공업고등

학교를 북한에서 나왔잖아요. 큰 재산이에요. 천명이면 1명이나 나왔을까 하는 공업고등학교를 내가 나왔어요. 북한에서는 거의 농업고등학교를 다녀요. 난 평양 지하철에 가 있었으니까 배운 게 많죠. 내 운명이 거기서 바뀐 거죠.

람: 아, 공업고가 많지 않네요? 그러면 '복지'를 뭐라고 생각하세요?

호: 복지는 사랑이다. 상대방을 사랑하는 마음이 없으면 복지가 일도 없지.

람: 인상 깊었던 사회복지사 있으세요?

호: 정○○ 있죠. 괜찮더라구. 내가 찾아갔으니까 많이 도와줬지. 연말정산하는 것도 모르잖아요. 그분이 해마다 도와줘요. 나야 나이 먹어서 할 줄 모르잖아요. 신상 다 털리는 연말정산을 아무나 할 수 없는 거야. 어디 가서 맘 터놓고 말할 수도 없고 사람 환장한다니까요. 자본주의 사회에서는 누구를 믿을 수 없어요. 사기꾼이 많아요. 유럽 사람들은 그렇게까진 안 해요. 남 속이는 거 싫어하거든요. 한국 사람들만이 아니라 아시아족이 그래요. 일본, 중국, 라오스, 한국사람처럼 생긴 족이 그래요. 유럽 사람들은 식품에 방부제 넣고 그런 거 안 해요. 한국사람들은 막 하잖아요. 인간 몸에 방부제 있다고 생각해봐요. 인간이 인간을 속이는 거예요. 무조건 팔아먹으면 된다는 식이죠.

람: 선생님이 힘이 돼주셨네요.

호: 대부분 복지사가 친절해요. 복지를 배웠잖아요. 다른 사람보다

낫더라구요. 복지관 상담 프로그램 이런 건 못가요. 그런데 직업 구할 때 좋아요. 북한 사람들은 대체로 자격증이 없잖아요. 그거 따기가 힘들어요. 능력이 되는 사람한테는 발급해서 취업하게 해주면 좋겠어요. 실제 할 수 있는 일들을 좀 찾아주면 좋겠어요. 자격증이 있어도 실무적으로 보면 나보다 모르는 사람도 많아요. 실제 능력이 없어요. 아무것도 못 해요. 학교에서 그걸 안 가르쳐주니까 그래요. 그럼 현장에서 뭘 하겠어요. 자격증은 있는데, 일을 못 하는 사람이 되는 거죠.

람: 미래에 하고 싶은 거 있으세요?

호: 나이 먹은 사람이 뭐가 있겠어요. 제일 중요한 게 손재주가 있는 거지요. 내가 사업하는 건 틀렸구요. 사업은 사람 챙겨야 하니까, 난 그런 거 싫어해요. 난 그런 거 안 맞아요. 직장생활 하는 걸 좋아하지, 사업은 싫어해요. 오너로 하는 거 싫어해요. 제가 성품이 좀 착한 사람이라, 그런 걸 하기 싫어해요. 무슨 말씀인지 알죠? 성품 착한 사람은 사업하면 망해요. 거짓말도 하고 남 등쳐먹을 줄도 알고 해야 사업해요. 그럼 상대방이 이용해먹어요. 자기 분수를 알아야지. 홀딱 까먹으면 하루아침에 거지되는데. 남자 여자 상관없이 사업을 할 줄 아는 사람이 있어요.

람: 맞아요. 공부만 하는 사람 있고, 아닌 사람 있죠.

호: 세상 자체가 다 학교인데. 학교를 가야만 학교인가. 사회구조 돌아가는 게 자격증 위주로 돌아가니까 뭐가 잘못된 거예요. 독일은 그렇지 않아요. 일을 많이 하면 돈을 많이 줘요. 능력주의

로 나가야 되는 거예요.

람: 능력이 중요하네요.

호: 장인정신이 필요해요. 나라의 허리가 중소기업인데 자꾸 약하게 만드는 거예요. 몇 대 대물려서 할 수 있게 시스템이 좀 마련돼야 해요. 살림을 만들어줘야 하는데 세금으로 다 나가니까. 그리고 삥땅 쳐서 대통령이 해먹고. 보도 블럭이나 쓸데없이 깔고 있고.

람: (웃음) 연말에는 멀쩡한 것도 하고 그래요.

호: 그래서 욕심을 내려놔야 해요. 더 가지려고 하니까 사회가 망가지는 거예요. 탈북자 한 명당 예를 들어 5천만 원이 든다 그럽시다. 그럼 1~2천 주고 나머지는 어디로 간지 모르는 거지요. 탈북자 하나만 놓고 봐도 그렇고. 삥땅 뜯는 게 너무 많은 거에요. 그러니까 나라가 안 되는 거예요.

호: 월세를 3백만 원씩 낸다는데 그게 말이 되냐고요.

람: 탈북자 복지정책 개선점에 관해서는 어떻게 생각하세요?

호: 제가 생각할 때 탈북민이 한국 사람은 아니잖아요. 신분증은 가졌지만 태어난 곳은 아니에요. 그러니까 이방인 취급을 받는 거잖아요. 특히 젊은 애들, 이방인 취급을 개선하려면 방송에서 교육사업이 이뤄져야 하는 거예요. TV를 부모들이 많이 보잖아요. 연예인 뜨는 이유가 TV 때문이잖아요. 그러니까 방송을 통해서라도 인식개선이 필요하다는 얘기입니다. TV를 통해 바뀌

는 게 많아요. 모르는 걸 알려줘야 해요.

람: 일단은 좋은 프로가 생겨야겠네요. 남성분들 힘든 거 많으시죠?

호: 남자는 20프로밖에 안 돼요. 현재는 말할 수 있는 게 없어요. 코로나 때문에 어디 갈 수도 없잖아요. 북한 사람들 한국에 대해서 잘 몰라요. 어디 가야 뭐가 있는지 잘 몰라요. 어디 좋은 데가 있는지도 잘 모르고. 인터넷 찾아보면 되겠지만 잘 몰라요. 정부 바뀔 때마다 예산도 변동되고 하니까 탈북자들 다니지 못하고 그러더라구요. 그 사람들이 하고 싶지 않겠어요?

람: 심리상담도 필요할까요?

호: 심리상담은 아픈 사람만 하는 거죠. 차라리 상담보다 야외활동이 낫죠. 나가서 먹고 나무도 보고 그게 좋죠.

람: 취미나 여가 같은 건 없으세요?

호: 돌아 댕기는 걸 좋아해요. 여행 다니고 하면 좋은데 주체적으로 그런 스타일은 또 못되니까 같이 가면 따라가고 그러는 거죠. 근데 동네 사람하고 어울려봤자 좋은 거 하나도 없어요. 쓸데없는 소리나 막 하고. 아내는 여기 와서 1년 있다 만났어요. 16년 살았죠. 본처보다 더 오래 살았어요. 북한 사람이에요. 동질감이 있는 거지. 애들은 북한에 있어요. 85년생 딸이니까 36살인가 됐겠지.

람: (따님) 데려오실 생각은 없으세요?

호: 난 집이 황해도라고 했잖아요. 황해도 사람은 너무 멀어서 못 데려와요. 중국 걸쳐 와야 하잖아요. 그럼 거기서 끝이에요. 여기로 말하면 분계선? 민통선? 그 안에 사는 거예요. 그 안에 있기 때문에 못 와요. 통화도 못하고, 결혼 여부도 몰라요.

람: 통일이 돼야 만날 텐데요.

호: 국경연선 사람들이나 하는 거지, 안쪽에 있는 사람은 통화할 생각도 못해요. (끝)

세 번째 주인공의 글이 짧은 이유는 녹음기 조작에 실패했기 때문입니다. 그는 매우 생생한 이야기를 상당 부분 전달해주었으나, 아쉽게도 끝날 시점 저장버튼을 잘못 클릭했습니다. 이 부분은 다음 기회에 독자 여러분과 보다 자세히 공유할 수 있는 기회를 찾아보려고 합니다. 낙관적인 성격의 소유자로서 거침없이 말하는 그의 모습은 오래 기억에 남을 것 같습니다.

곽상인 노트: 손재간만큼 운도 좋은 사람

　북한출신분들의 경우, 중국을 거쳐 제3국에서 한국으로 입남(入南)하는 경우가 많은데 정인호는 러시아에서 생활하다가 한국으로 왔다고 했다. 러시아에서 혹한의 날씨를 버틸수 있었던 것은 손재간이 좋았기 때문이다. 그 덕분에 인테리어 일을 할 수가 있었고, 그 능력을 인정받아 정착된 생활을 할 수가 있었단다. 그리고 어느 목사의 도움으로 대사관에서 한국으로 올 수가 있었다고 한다. 그의 녹취록을 보면서 '고집이 아주 센 사람 같다.'라는 느낌을 받았는데, 그 이유는 정인호가 어디에서든지 자신의 능력을 필요로 하는 데가 있을 거라는 믿음을 강하게 갖고 있었기 때문이다.

　그는 북한에서 공업고등학교를 나온 인재다. 게다가 눈썰미까지 좋아서 한 번 곁눈질로 본 것은 곧잘 따라 한다고 했다. 또한 아버지가 북한에서 유명한 목수 장인이었기에, 그 핏줄을 대물림받은 느낌도 있다. 교실에서 이론을 공부하는 것보다 현장에서 실무를 배우는 것이 훨씬 사회생활을 하고 자립하는 데 도움이 될 거라는 것을 일찍부터 깨달았다고 봐야겠다. 그래서 정인호는 말할 때마다 이론보다 실습을 강조했다. 거친 환경이라 하더라도 직접 부딪혀 경험하지 않으면, 아무리 좋은 자격증을 갖고 있다고 하더라도 무용지물이라고 했다. 맞는 말이라 생각한다.

　그 손재간과 눈썰미 뒤에는 사회복지사들이 있었단다. 그는 사회복지사들이 불편해할 정도로 자주 복지관을 찾아가 '자기'를 어필했다. 절박한 상황이었고 살고자 하는 의지가 강했기에 가능한 일일 것이다. 실제로 북한이주민 중에는 자존심 때문에 복지관에 찾아가 아쉬운 얘기하는 것을 꺼리는 분들도 많았다. 그 때문에 홀로 방안에 박혀 우울증과 싸우면서 외부와 차단된 생활을 하며 고독하게 생을 마감하는 분도 있었다. 그러나 정인호는 70이 다 된 나이에도 자기 능력을 발휘할 곳을 찾으려고 했으며, 일을 할 수 있다는 것에 감사함을 느끼고 있었다. 목이 말라서 직접 우물을 판 덕분이고, 더불어서 주변인들의 도움까지 받았으며, 그것이 좋은 운으로까지 작용했다고 볼 수 있겠다.

그러면서 한국의 복지정책에 대해 쓴소리하는 것도 잊지 않았다. 좀 더 소외된 계층의 목소리를 경청하고 그들의 마음을 이해하려는 공직자들의 적극적이고 수용적인 태도가 필요하다고 말했다. 공직자가 좀 더 신경 쓰면 이들이 남한 사람이라는 정체성을 갖게 되지 않을까 싶다. 마지막으로 정인호는 딸을 데려오고 싶은데, 민통선 안이라 불가능하다고 말했다. 그의 말투에 희망이 섞이지 않아서 안타까웠다.

김지일 노트: 글로 만난 북쪽 형님, 정인호

정인호 씨의 이야기를 통해 우리는 그가 경험한 고통과 희망, 그리고 새로운 삶의 여정을 깊이 느낄 수 있다. 그의 고향은 황해도, 북한에서는 공업고등학교를 졸업하고 선전대에서 활동하다가, 손재주로 평양지하철에서 일하며 자신의 기능을 살려 나갔다. 그러나 그가 북한을 떠나 러시아를 거쳐 한국에 오는 과정은 단순한 지리적 이동이 아닌, 그의 인생에서 중요한 전환점을 의미한다.

정 씨는 북한에서의 삶이 주는 억압과 고통 속에서도, 자신의 재능을 바탕으로 새로운 기회를 찾았다. 그는 손재주가 뛰어나고, 눈썰미가 좋았던 덕분에 러시아에서도 일할 수 있었다. 이러한 그의 이야기는 많은 북한출신 주민들이 겪는 상황과 맞닿아 있다. 이들은 각자의 방식으로 북한을 벗어나고, 새로운 삶을 찾아 한국에 도착하지만, 그 과정에서 가족과의 생이별, 고향에 대한 그리움이 영원히 가슴에 남는다.

그가 한국에서 새 아내와 함께 잘 지내고 있다는 사실은 그가 새로운 정체성을 형성했음을 보여준다. 하지만 그럼에도 불구하고, 그는 여전히 북한에 있는 가족들에 대한 애틋한 마음을 가지고 있다. 정 씨가 말하는 "탈북민들은 한국사람이 아니기에 탈북민이라는 것을 잊어서는 안 된다."는 표현은, 늘 초심을 잃지 않고 자신의 뿌리와 정체성을 간직할 때 비로소 바로 설 수 있다는 것을 말하는 것이다. 이는 단순히 일개인의 정체성의 문제를 넘어, 한국 사회에서의 수용과 이해의 필요성을 강조한다.

한국 사회는 북한 출신 주민들에게 편견과 차별의 시선을 던지곤 한다. 이러한 시선은 그들이 인간으로서 느끼고 싶어 하는 공감과 연대감을 빼앗아 간다. 정 씨의 말처럼, 한국 사회에서 탈북민들이 진정한 주민으로 동화되기 위해서는 교육과 인식의 개선이 필요하다.

결국, 정부의 많은 노력에도 불구하고, 북한출신 주민들이 한국 사회에서 느끼는 열등감과 소외감은 그들의 아픔이자 한국 사회가 해결해야 할 과제이다. 그들이 겪는 고통은 단순히 개인의 문제가 아니라, 우리 모두가 함께 해결해야 할 사회적 책임이다. 북한출신 주민들이 한국 사회의 일원으로서 존중받고, 그들의 목소리에 귀 기울이는 사회가 되기를 바란다. 우리는 서로의 이야기를 듣고, 이해하며 공감하는 과정을 통해 진정한 동화와 연대를 이룰 수 있을 것이다.

이러한 공감의 길이 열리기를 바란다. 아울러 우리는 정인호 씨와 같은 이야기를 통해 더 나은 사회를 만들어 나가야 할 것이다.

4

매일 사는 게 천국이오

가명 : 최두일(75세), 아파트 기계관리과장

내 나이 1949년 생. 아파트 기계관리과장으로 일하고 있습네다. 뭐 배운 게 있습니까, 자격증이 있습니까. 처음에 와서 고생 많이 했제. 엑셀도 모르는 거 딸이 알려주고. 그래도 사람 사는 세상 좋은 사람도 있습디다. 나보고 '북한 빨갱이 새끼다, 혹이다' 그런 말하는 사람만 있지 않습니다. 좋은 인상을 주려고 벽돌 수천 장 날라 쓰레기장을 만들기도 했지요. 동네 사람들한테 인정받아야 하지 않습니까. 그래서 힘들어도 몇 시간씩 더 일했습니다. 뭐 그거 말고 방법 있습니까. 자존심 같은 거 세우면 못 살아남지. 가족들이 있으니까. 마누라 딸자식 먹여 살려야 하니까 그렇게 했지요. 그거 말고는 없습니다. 다 잘 컸어예. 마누라가 건강 챙겨 준 덕에 건강도 많이 좋아졌고. 그 말입니다. 난 돈 잘 안 씁니다. 북한에 형제 보내줘요. 그거 하나 뿌듯합니다. 한국에서 백만 원은 별거 아닌데, 그 돈 거기 보내주면 일 년 삽니다.

전주람 선생님. 좋은 연구 많이 하이소. 우리 북한 사람들이 남한에 내려와 돈 벌어 먹고 사는 거 진짜 힘듭니다. 서로 이해하고 알려면 연구도 하고 책도 써야 하지 않겠습니까. 내 살 날이 얼마나 남았소. 북한에 관한 거 궁금한 거 다 물어보소. 그리고 다 세상에 까발려 주소. 이렇게 힘들게 산 거, 좀 알려져야 다음에 오는 사람들 좀 더 편할 거 아니요.

인터뷰어: 전주람(이하 '전')
인터뷰이: 최두일(가명, 이하 '최')
인터뷰 일시 및 장소: 2017년 10월 21일(약 2시간), 양천구 아파트 내 공가
초고 완성 및 북한 관련 내용 감수자: 김지일
내용 구성 및 정리: 곽상인

● ● ●

2017년, 저는 한 (북한 출신) 여성을 인터뷰하기 위해 목동의 정해진 장소로 갔습니다. 그 여성은 2014년에 인터뷰했던 분의 친동생이었습니다. 아파트 부근에서 전화를 하자 그녀가 씩씩한 목소리로 받았습니다. "옆에 뭐가 보여요?" 제가 거의 도착했다고 하니, "저, 검정 코트 입고 있고요. 회색 가방 들고 있어요." "아! 저기 보이는 것 같네요!" 두리번거리다 보니, 트럭에서 전화기를 든 여성과 한 남성이 내렸습니다. 화려한 옷차림의 여성이 보였습니다. 심상치 않은 느낌이었습니다. 남편인가 싶었지만, 사실 그분은 이 장에서 소개할 네 번째 주인공 최두일 씨였습니다. 복지관에서 텃밭을 가꾸며 같이 왔다고 했습니다. 그러니까 텃밭 가꾸는 동료랄까.

처음 만나면 카페가 제일 좋지 않나요? 넓고 조용한 카페가 있다고 해서 갔는데 문이 닫혔습니다. 다른 곳으로 갔습니다. 아파트 상가에 있는 아주 작은 카페였는데, 사람이 가득 차 있었습니다. 쌀쌀한 날씨였는데 긴장했는지 후덥지근했습니다. 화창한 햇살이 비치고 있었습니다. 어떻게 하지... 또 다른 커피숍을 찾기도 좀 그랬습니다. 제가 어리둥절할 틈에, 그 사나이는 주인에게 "저 바깥 쪽에 있는 테이블과 의자 세 개 좀 빌려간다"고 했습니다. 커피값을 지불하기도 전에 이런 경험은 처음이었습니다. 제가 커피값을 지불하는 동안, 순식간에 아파트 단지 내에서 셋이 얘기할 수 있는 야외 카페가 펼쳐졌습니다. 테이블 다리도 펴야 했는데, 순식간에 짜잔 하고 나타났습니다. 초록색 나무들이 우거지고, 화려한 그녀의 패션이 또 눈에 띄었습니다. 남자는 거무튀

튀했지만, 가만 보니 인상이 지긋이 나이 들어 보이는 좋은 분이었습니다. 인터뷰해 줄 남선생님도 구하고 있던 찰나, 이때다 싶었습니다. 나중에야 그분이 말씀해 주셨습니다. 정치적인 목적이면 절대 안 했을 건데, 전 선생님의 인상이 좋아 보였고, 우리 말을 나쁘게 쓰지 않을 사람 같아 보였다고 했습니다. 우리는 그냥 인생 이야기를 나눴습니다. 언제 한국에 왔는지, 무슨 일을 하는지 등. 셋이 햇살 좋은 화창한 나무 그늘 아래에서 시원한 아메리카노를 마시자니, 그냥 좋았습니다. 북한 사람? 남한 사람? 그때 그런 경계는 느끼지 못했습니다. 그들은 저를 어떻게 도와줄 수 있을지 진심으로 고민해 주었고, 두 사람은 가능한 사회에 조금이라도 보탬이 될 수 있는 일에 관심이 있다고 했습니다.

이후 최두일 씨가 해준 얘기지만 그는 내가 안전한 사람인지, 인터뷰를 왜 하려는지, 정치적 목적으로 자신을 이용하려는 것은 아닌지 유심히 날 관찰했다고 했습니다. 그는 내가 인상이 좋고 인터뷰 내용을 연구에 활용할 것이라는 믿음을 갖고 응했다고 했습니다. 그도 인상이 좋았습니다. 얼굴은 가무잡잡했으며, 북한 사람치곤 체구가 왜소하지 않았습니다. 아내한테는 건강에 좋은 음식을 많이 챙겨준다고 했습니다. 그는 어떤 이야기를 할까. 그가 경험한 입남과정과 직장 적응기는 내게 어떤 의미로 다가올까 설레는 마음으로 인터뷰를 시작합니다.

전: 반갑습니다. 인터뷰를 요청한 전주람입니다.

최: 아이고, 반갑습니다. 먼 걸음을 해주셨네요. 만났는데 무슨 얘기부터 해야 할지 모르겠네요. 제가 남한에 처음 왔을 때, 나보다 8년 먼저 온 사람이 남한에 와서 전기안전관리 일을 했어요. 그 사람이 이쪽 소장들을 많이 알드라구. 그래가지고 소장들 통해서 내가 경기도 쪽 어디 학교 신축하는데 거기서 전기공사 일을 했어요. 1년 하니까 여기저기 관절도 아프고 그러더라구요. 노가다 가보면 다들 전공이 젤 쉽다 그래요. 내가 북에 있을 때

전공이 전기였는데, 이게 나이를 먹으니까 안 되더라고. 그래서 결심했지. '4대 보험이 들어가는 회사에 들어가야겠다.', '우리 가족 중 누구 일할 사람도 없으니까 내가 장기전에 대비해야 되겠다.' 싶었어요. 그러려면 '쉬운 일을 해야 되겠다.' 이런 생각이 들어서 할 수 있는 직업이 경비밖에 없드라구. 그래서 노동부에 가서 "경비직에 넣어 달라." 그때 내가 60살이었거든요. 종로구 어딘가에 신청했는데, 그 경비업체 사장이 "북한에서 금방 온 사람을 어떻게 쓰느냐", "말도 안 된다."고 해서 '안 되는구나.' 싶었는데, 다행히 구로동에서 경비를 받는다고 해서 내가 거기 경비에 들어갔어요.

경비는 육체적으로 힘들지 않잖아요. 근데 경비일도 사람이 하는 것이니까 말들이 많아요. 자꾸 주변에서 "어떻게 해야 된다." 그러면서요. 근데 내가 경비직을 하면서 진짜 이 동네를 그 뭐인가 변경한다고 해야 하나, 많이 바꿨어요. 벽돌장을 수백 장 실어다가 음식물 쓰레기장도 만들고 그랬어요. 여기 사람들은 그렇게 일하는 사람이 없잖아요? 처음에는 사람들이 "저거, 저거 탈북자가 여기 와서 쇼를 한다." 그랬어요. 그러던 사람들이 내가 꾸준히 일을 하니까 나를 믿어주더라구요. 여기도 사람 사는 세상이니까네. 주민들이 다 나를 인정해줘서 1년 되니까 용역회사에서 반장을 시키드라구요. 반장을 시키니까 경비들끼리 싸우는 것도 내가 중간에서 많이 줄이고 했어요. 거, 분리수거할 때 돈 문제, 교대 당번 문제로 조금 문제가 있었거든. 서로 불러서 같이 밥도 먹고 해서 경비 충돌도 많이 줄였고요. 또 내가 서는 경비실 쪽을 화단으로 만들었죠. 하루에 3시간씩 땀 흘려서 일했거든.

전: 그렇게 왜 열심히 하셨어요?

최: 내가 여기서 특출하지 않으면 내 목적을 달성할 수가 없어요. 아, 경비도 안 쓰겠다고 그러는데, 내가 평범한 경비면 안 되겠구나 싶었던 거지. 생각해보쇼. 딸린 식구들 많지, 내 건강 상태도 워낙 나쁘고. 내가 일어설라믄 여기서부터 시작해야 되잖아요. 그러니까 진짜 뭐라도 해야 되겠다 싶었던 거지. 그다음에 여기 분리수거하는 데 보면 쓸 만한 거 버리는 게 많아요. 자전거 버리면 자전거 수리해주고, 노인들이 선풍기 버리면 수리해주고, 커피포트도 수리해주고, 그다음에 뭐임까, 경비실에 시계도 수리해서 걸어놓고 했지. 어쨌든 내가 하나하나 이 동네를 변경시키고 그랬죠. 그렇게 하다 보니까 용역회사에서 나를 인정해준 거지. 그 사장이 "나 같은 사람 없었다."고 그랬어요. 나같은 사람 처음 봤다고. 벽돌 날라다가 쌓고 그런 사람은 없었거든요. 그 다음에 인정해주고 반장을 시키니까, 또 경비가 잘 되고 그러니까 사람들이 좋아했지. 그런데 용역회사에서 매년 1년에 용역 계약하잖아요. 계약하려고 하는데 우리가 잘못하고 그러면 잘리잖아요. 근데 동대표랑 부녀회랑이 다 나를 지지해주고 하니까, 용역회사에서 나한테 부탁해요. 최 반장이 동대표랑 잘 얘기하라고, 소장하고 잘 얘기하라고 그래요. 그러더니 용역회사에서 직원을 뽑을 때에도 나보고 뽑으라고 그래요. 그래서 "난 안 된다."고 얘기했지. 자기네가 뽑을 일이지만은 나를 이렇게 좀 내세워주드라고. 그래하니까 여기 관리소장이 옛날에 서울시의

회 관련한 사람인데, 그 사람이 나를 딱 보니까 나이 먹었지, 그러니까 그 뭐인가 '이 사람을 쓰면 적은 월급이래도 군소리 안 하고 하자면 할 사람이구나.' 그런 생각을 했나봐. 사실은 그 관리소장이 나를 뽑아줬거든. 그때 그 소장이 "나이 먹었기 때문에 월급 타령하지 말라, 승급하려 하지 말라, 시키면 잘해라." 뭐 이러더라구. 그 1년 하다 보니까 기계랑 이런 거랑 다 알게 됐지. 그쪽에서 많이 했으니까. 어쨌든 내가 사람들 뒤꽁무니에 있어서는 안 되잖아요. 따라 서자면 가만히 있으면 돼요? 그래서 내가 노는 날도 안 놀고 나와서 같이 일하고 그렇게 해서 배웠지.

전: 처음에 무시 안 했어요? 젊은 남한 사람들이?

최: 무시하지. 일단은 그 사람들이 무시해도 듣는 척 안 했지. 한번은 그게 있었지. 경비반장을 했던 사람하고 나하고 몇 번 싸웠어요. 그러니까 나 없는 데서, "북한 새끼들 저거 조심하라, 저 새끼 저거 믿지 못할 새끼다, 저 북한놈들은 중국에도 가고 일본에도 가고, 북한도 넘어가고 하는데, 저 애가 어떤 앤지 어떻게 아느냐, 속주지 말라."고 하면서 그러드래요. 그래서 내가 그 사람보고, "당신 왜 그러냐. 국정원에서 심사하고 그렇게 하고 왔다. 당신이 김정일한테서 도움 받아 먹었느냐."고 그러니까, 그 사람이 단번에 나한테 "개새끼"라고 그러더라구요. 그래서 내가 "야, 이 새끼야, 나 오늘 죽기로 하고 온 사람이다. 너 진짜 죽어보겠는가."라고 했더니, 그 사람이 "이 새끼 이거 완전히 빨갱이 새끼."라고 하더라요. 그래서 내가 "너 왜 북한에서 온 사람을 그렇게 대해?" 그랬죠. 근데 그 사람이 워낙 일을 안 하

고 말도 많고, 그다음에 부정을 자꾸 저지르니까 잘렸어요. 여기서 알뜰장 같은 것을 했는데, 직원들 주라고 한 것을 그 사람이 다 자기 집에 가져가고 그래서 잘렸어요. 부녀회장이 나서서 자르니까 내가 반장을 하게 됐지. 그 사람을 제치니까 다음에 반장 할 사람이 없었어.

전: 그분만 이렇게 안 좋게 대해주셨어요?

최: 나머지 사람들은 뭐 글쎄. 뒤에서는 어쨌는지 모르겠는데 앞에서는 별로. 그 사람은 반 년 정도 같이 있었는데 그렇게 했어요. 그런 사람이 있어가지고 싸웠지, 또 싸운 건 없어요. 여기 오기 전에 실향민하고도 같이 있었는데, 그 사람은 또 이북이 고향이라 싸울 일도 없었고. 근데 자기가 좀 이렇게 남한테 베풀고 서로에 대한 배려가 오가야 정이 좀 두터워지는 거지. 그렇게 1년 정도 지내다 보니 계장을 했어요. 그러니까 그다음에는 컴퓨터를 해야 하잖아요. 북한 사회에서는 공급제로 해요. 여기는 시장경제고. 여기는 시장경제라서 다 자기가 물건도 사고 하잖아요. 여기서 컴퓨터로 관리비를 계산하고 또 엑셀도 했지. 그때는 애들이 집에 있을 때라 셋째하고 넷째한테 배우고, 또 소장한테도 배우고 했죠. 내가 계약직이라 빈구석이 많아요. 그런데 잘 가르쳐줬어요. 그 소장은 서울시에도 있었고, 공기업에도 있었고 해서, 나를 잘 이해해주고 잘 가르쳐줬죠. 그래서 내가 한 단계씩 올라갔죠. 현재 양천구 산하에 13개 임대 아파트가 있지만은 내가 제일 나이가 많아요. 그런데 내가 제일 오래 일했거든.

전: 여긴 몇 년 근무하신 거예요? 종합관리원이에요.

최: 여기서 어쨌든 내가 한 10년 있었지. 2009년부터 있었거든. 그러니까 한 8년 있었는가? 8년 있었어요.

전: 그 남한 사람들이랑 일하는 거 어렵지 않으세요? 좀 무시하는 것에 대해 힘들지 않으세요? 어떤 부분이 가장 힘드셨어요?

최: 일단은 나를 이해하는 사람들은 '저 사람이 이런 장점이 있다, 저런 단점이 있다.' 그렇게 하는데, 단점보다 장점을 보고 많이 격려해 주잖아요. 그런데 소장이 바뀌면 그 사람은 나한테는 기댈 거 없잖아요. 여기서 오래 산 사람들도 나보다 더 잘 살고 나보다 더 배운 것도 많고 하잖아요. 그러니까 사람이 바뀌면 여기 사람들은 자기를 내세울려고 하고, 자꾸 나를 배제시킬려고 그러더라구요. 아무 사람이나 다 비슷하더라고. 원래 있던 소장은 진짜 나를 많이 생각해 주는데 다른 사람들은 자기를 더 내세우더라고. 그러다가 이제 1~2년 있다 보니까 나도 그만큼 노력하고, 또 안된 부분이 있으면 윗사람한테도 막 대들어서 해결하려고 해요. 이렇게 하니까 나를 함부로 대하지 않더라고. 내가 아까 말했잖아요. 우선 배운 게 없고, 그다음에 여기서 짧게 살았고. 그런데 지내다 보니, 금융도 알아야 하고, 기계도 알아야 하고, 여러 가지 주택도 알아야 하고. 어쨌든 이런 거 다 알아야 하잖아요. 주택관리사 자격 다 받고, 전기 자격증 다 받고 이렇잖아요. 그런데 그런 자격이 없이 하자믄 나같은 사람 안 쓸려고 하잖아요. 나같은 경우는 뭐 노는 날, 일하는 날이 따로 없고 그저 정말 열심히 일하고 부족한 것 메우고 하니까. 행정업무건 시설업무건 간에 남보다 뛰어나게 하니까 인정하는

거지. 초기에는 다 배척할라 그랬어요.

전: 어느 정도의 시간이 지나야 선생님을 인정해 주던가요?

최: 뭐 어떤 사람들은 한 1년 지나면 되고, 상황마다 달라요. 우리 새로 온 소장도 한 1년 정도 걸렸죠. 그러니까 무슨 일을 할 때 내가 "이렇게 하자." 하면, "그거는 그렇게 하는 게 아니"라고 하고. 이렇게 내가 방향을 바꾸려고 하면 "안 된다."고 하더라구. 나중에는 결국 내가 말한 게 옳다는 걸 알면서도 안 바꾸더라구. 안 하니까 내가 그 사람이 소장이지만 달려들어서 "당신, 그거 그렇게 하기 싫어서 그러는가." 하고 따졌지. 예를 들어서 청소업체를 입찰하는데 "이 회사는 이래서 안 된다."고 자꾸 그러더라구. 그래서 내가 이걸 바꿔야 한다고 했지. 결국엔 안 바꿨는데 우리가 요구하는 대로 안 되더라고. 소장이 그렇게 고집이 세.

전: 원래 상사는 어렵잖아요.

최: 어려운데 내가 이북에서 살아가지고 그렇지. 이북에는 솔선수범이라는 게 있어요. 나도 일단 경제계에서 몸담았던 사람인데. 거기에선 책임진 사람이 얼마나 힘든지 몰라요. 근데 이 자본주의 사회로 와서는 완전히 바뀌었어요. 여기에서는 책임진 사람이 진짜 편안해요. 연구 보조자처럼 진짜 편안해요. 밑에서 일하는 사람이 비 오고 눈 오면 사고 없는지 확인하고 그래요. 그리고 책임자가 출근하면 이건 이렇다 저건 저렇다고 부하직원이 말해주고. 그러면 "요건 어떻게 하자, 요건 어떻게 하자." 이

렇게 총체적으로 마음만 보여주면 끝나더라고. 내가 책임지고 있는 단지를 돌아다니다 보면 대충하는 경우가 많아요. 아침 조회하는 걸 보면, 조회도 아니고 세상 돌아가는 소리를 하든가 아니면 출근해서 컴퓨터 켜놓고 드라마를 시청하든가 그래요. 그런데 그런 모습을 추궁하는 데가 하나도 없어요. 북한에서는 그랬다가 큰일 나요. 근데 여기 시스템이 이렇다 보니까 윗사람이 편해요. 이 밑에 사람이 책임자한테 근무태만이라고 말도 못하고. 밑에서 죽도록 일해도 안 알아봐요. 그러니까 열불 나지. 그런데 어쩔 수가 없더라구. 다들 그런 시스템에서 이래 살아나 가지고.

전: 그러면 선생님은 뭐라고 반발하셨어요?

최: "이걸 그렇게 하자."고 했는데, 안 해주니까 다시 가서 "너는 왜 이걸 안 해주냐?"고 했지. "왜 계속 통보 안 해주냐?, 이거 소장님이 하기 싫어서 그러느냐, 입찰하는 거 공고해야 되는 거 아니냐, 그걸 하기 싫어서 그러냐?"고 내가 아픈 소리좀 했지. 그러니까 아무 소리도 못 하고. 자기 책임이니까 걱정하지 말라고 그러더라고. 그다음에는 '청소기계 가져다 하겠다.'고 하더라고. 그런데 청소기계가 어떻게 돌아가는지 나와 봐야 하는데, 안 보더라고. 물청소를 하면 한 번은 나와서 어떻게 돌아가는지 봐야 하는데 안 봐. 기계가 돌면 밑에서 사람 몇이 달라붙는지, 청소하는 데 몇 시간이 걸리는지, 다른 데는 어떻게 하는지, 돈이 얼마 드는가 등이 계산되고, 예산이 나와야 하는데, 아침에 출근하면 이렇게 앉아서 가만히 드라마나 보다가 집에 가고 그러더

라고. 그러니까 일을 전혀 모르고 그렇지. 그다음에 내가 또 "이 렇게 하자." 그러면 지금 나하고 경쟁 관계에 있는 사람이 소장 한테 가서 '속삭임 흉내'를 내는 거지. 그러니까 그 경쟁자가 소 장한테, "걔가 뭘 안다고 그럽니까, 그거 듣지 말라."고 이간질 을 시켜요. 탈북자니까 나를 무시하고, 자기들끼리 이렇게 하자, 저렇게 하자 짜고 그랬지. 나는 청소기계 돌릴 때 나와 봤으니 까 '뭐가 이렇다 저렇다.' 알잖아요. 내가 그렇게 말하고 따지니 까, 소장이 책임진다고 하면서도 정착 청소하는 날에는 안 나와 요. 그래서 내가 주민들한테 "소장님이 일을 저렇게 한다."고 말 하니까, 소장을 골탕 먹이는 줄 알았나봐. 그런데 실제로 소장 이 일을 안 하고, 내 말이 맞거든. 그러니까 이제는 소장도 더 말 못하고 내가 하자는 데로 이렇게 하게 됐지. 그때는 "니가 이북에서 나왔고, 탈북자 주제에 뭐를 안다고." 이러더라구요. 그러니까 그런 사람들을 꺾어놓아야 해요. 나는 여기 와서 배운 것도 없지만 저 사람들은 다 전문 교육기관 자격증을 가지고 왔 잖아요. 그러니까 내가 이길 수 있는 거는 내가 현장에 나가서 직접 보고 듣고 하는 것밖에 없어요. 그런 거라도 많이 노력해 서 내 것으로 만들어야 해요. 그래야 사람들이 나를 인정하죠.

전: 선생님. 그러면 마음속 이야기도 하고 그러세요? 직장 동료들이 랑? 뭐 가족 얘기나 속상한 얘기나 이런 거요.

최: 그거를 누구하고 해요? 할 사람 없어요. 이게 북한하고 달라서 요. 북한에서는 가부장적으로 아버지가 "야, 이렇게 해라. 너 이 렇게 해라." 그래요. 그런데 여기 와 보니까 애들이 다 알아서

하잖아요. 집안일에도 신경 안 써요. 직장에만 신경 쓰고 그래요. 그러면 식구들이 알아서 자기 할 일 다 하더라구요. 큰일이 생기면 조정하면 되는 거고.

전: 그럼 스트레스 받으면 어떻게 하세요?

최: 내가 아까 말했잖아요. 배울 시간도 지났고, 건강 상태가 나쁘고, 돈은 벌어야 하고. 그렇다고 내 건강이 갑자기 좋아질 리도 없고. 여기 사람들에 비하면 그렇지만, 다 낮은 수준이지만은 나는 나대로 지금 상태에서 만족해요. 그러니까 스트레스가 거의 안 쌓이더라구요. 중국에서 개보다 못한 삶을 살다가 여기 오니까 얼마나 좋아요. 현실 앞에서 내가 어떻게 헤쳐나갈지 고민이 들지만 여기가 좋아요. 내가 젊어서 하던 행정관리, 지시 관리 이런 걸 하면서 얼마든지 일할 수 있잖아요. 내가 교육은 안 받았지만은. 그러니까 일하다 보면 생기는 스트레스도 긍지감으로 이겨내고 있어요. 그렇게 생각하니까 스트레스는 안 받아요. 자식들도 가정이 있는데, 그래도 자식들 문제고 하니까. 그러니까 극복요인이 필요한 게 없어요. 내가 북한에서 50년 동안 살면서 봐왔던 중앙기관이 평양에도 많아요. 북한의 현실하고 남한 현실하고 다르죠. 북한이 선진국에 비해선 떨어진 것은 맞죠. 그래도 남한 현실에서 내가 누릴 것 누리고 사는 것이 감사해요. 우리 막내가 호주에서 사는데, 3년째 가 있는데, 거기를 놀러 오라고 그래요. 그래서 내가 "야, 매일 사는 게 천국이다, 대한민국에서도 못 가본 데가 많다, 이 나라에서도 다닐 데가 많다"고 할 정도로 생각하니까 만족스럽죠.

그에게 땀 흘려 일하지 않을 이유는 없었습니다. 아니, 선택의 여지가 없었습니다. 가족이 있었기 때문에 가장이라는 책임감이 그의 어깨에 막중한 무게로 얹혀 있었습니다. 게다가 '뒤꽁무니'에 있어서는 안 된다는 오기가 있었습니다. 나이가 들어 경비로 들어가 젊은 상사에게 오만한 소리를 다 들으며, 소주 한 잔 마시고 싶었던 날이 하루 이틀이었겠습니까. 그래도 그는 버텼습니다. 노는 날도 반납하며, 젊은이들에게 고개를 숙인 채 버티고 또 버텼습니다. '빨갱이 새끼' 같은 거친 말도 들으며 버텼습니다. 버티면 좋은 날이 오겠지, 마음을 다잡고 참았습니다. 그에게는 특별히 '독한 놈'이라는 말이 어울렸습니다.

하지만 사람 사는 세상에서 좋은 사람도 만났습니다. 컴퓨터와 엑셀은 관리비를 계산해야 하는 데 필요한 능력이었습니다. 자식들이 알려주고 좋은 상사가 가르쳐주었습니다. 그는 매우 운이 좋았습니다. 나이 든 사람이 컴퓨터를 배우는 것은 쉽지 않다는 것을 잘 알고 있습니다. 하나하나 다 알려줘야 하니까요. 자식은 그렇다 치고, 그 누군지 모를 그 사람은 정말 좋은 상사였습니다.

커피포트를 준비하는 그의 손은 거칠어 보였습니다. 크고 투박한 손을 보니, 벽돌을 날라 쓰레기장을 손수 만들었다는 말이 떠올랐습니다. 그 말과 손이 교차해 뇌리에 박혔습니다. 그는 인터뷰어와 학생들에게 매우 친절했습니다. 준비된 커피와 차들은 가지런하게 놓이지 않았고, 그 흔한 쟁반도 없었으나, 이 모든 엉성한 커피 뒤에는 그의 따뜻한 마음이 녹아 있었으므로, 그 자체로 행복한 시간이었습니다.

인터뷰어: 전주람(이하 '전')

인터뷰이: 최두일(가명, 이하 '최')

인터뷰 일시 및 장소: 2017년 10월 27일(약 2시간), 양천구 아파트 내 공가

초고 완성 및 북한 관련 내용 감수자: 김지일

내용 구성 및 정리: 곽상인

●●●

오늘은 부천의 한 어린이집에서 부모교육 특강이 있었다. 특강 요청은 다른 지역을 방문하고 새로운 사람을 만나는 재미에 보태, 수입도 생기는 일이니 내겐 일상의 즐거움과 같다. 두 시간의 특강을 끝내고 그를 만나러 가야겠다고 생각해 전화했다. 예약된 인터뷰가 아니었는데도 그는 당황하지도 않고 찾아오라고 했다. 혹시 다른 말이 날까봐 그가 일하는 아파트로 갔다. 나는 편의점에 들러 빵과 우유를 샀다. 같이 먹을 생각이었는데 그도 배가 출출했던 모양이다. 우리는 배를 채워가며 인터뷰를 시작했다. 그의 안내를 받아 9호실 공가로 이동했다. 현관문을 열었더니 몇몇 근로자가 쉬고 있었다. 그래서 우리는 도서관으로 향했다. 도서관은 쾌적해서 인터뷰하기 좋은 장소였다 그는 궁금한 거 있으면 시간에 상관없이 답해줄 테니 뭐든 물어보라고 했다.

전: 안녕하세요. 가장 궁금한 것이 있어요. 남한 출신 사람하고 근무해야겠다고 결정하셨을 때, 선생님은 남한에서 태어난 사람들이 어떻게 보이셨어요?

최: 일단은 남한 출신 사람을 처음 만났을 때 반갑고 기대되고 가슴이 부풀었어요. 그런데 하나원 거치고 복지관 거쳐서 북한이주

민 상대하는 동사무소를 찾아가고 하는 과정을 거치다 보니 반가움보다 두려움이 컸어요. 예를 들어 운전면허시험장에 갔는데, 거기는 북한이주민이라고 봐주는 거 없었어요. 그러니까 우리를 똑같이 한국 사람처럼 보듬어주고 하는 게 반갑고 두려웠어요. 원칙대로 딱 하잖아요. '우리가 기대하는 것하고 차이가 나는구나.' 생각했죠. 선배들도 남한 사람들이 북한 사람을 무시하고 자꾸 그러니까 '과연 이 사회에 우리가 정착할 수 있을까' 이런 고민을 했다고 하더라구요. 어쨌든 '내가 좋은 사람 만나야지, 나쁜 사람 만나가지고 그렇게 하면 어떻게 하겠나.' 이렇게 마음을 먹었죠. 그러니까 두려움 반, 기대 반 이렇게 시작하게 되더라구요. 그런데 처음에 한 1년 동안 일하러 나가보니까 나를 업신여기고 시키지 않은 일도 시키는 사람도 있고 그러더라구요. 그러니까 내가 중국에서 짐승 취급을 받았는데, '대한민국도 역시 똑같구나' 그런 생각을 했어요. 북한에서 왔다고 하니까 처음에는 "어떻게 살았냐?"고 하면서 궁금해하는데, 일하다 보니 젤 힘든 일은 다 나한테 시키더라구요. 나도 북에서 일하다 온 사람이니까 척 보면 알죠. 그래서 그 막일을 안 하고 서로 다툼하고 그랬죠. 이런 일도 있었죠. 내가 판교 중학교에 일하러 가는데, 빈 거리를 쭉 달려가면 한 시간을 가요. 아침 다섯 시에 일어나면, 다섯 시 사십 분 돼서 같이 일하는 사람이 차를 몰고 와요. 그 사람 차 타면 일곱 시에 도착하거든. 그런데 처음에는 며칠 동안 잘 태워주더니, 나중에는 휘발유 값도 주고 그랬죠. 또 처음에는 가까운 데서 태워주더니, 나중에는 그 사람 집이 목동인데, 거기로 오라고 하더래요. 그래서 마을버스

타고 가고 그랬는데, 어쩌다가 버스가 늦게 오는 때가 있어요. 내가 내리는 거 보면 나더러 "의도적으로 늦은 거 아니냐?"고 그래요. 그게 아니잖아요. 내가 첫차를 타도 버스 땜에 늦을 수 있잖아요. 그러믄 차를 시동 걸어서 움직여요. 내가 오는 걸 알면서도 차를 움직여요. 내가 횡단보도를 건너서 오늘 걸 알면서도 막 이렇게 그냥 가요. "왜 늦었냐"고 소리치면서 그렇게 가요. 또 차장이나 소장이 일요일에도 일할 때 "좀 와서 일을 해달라."고 그래요. 그럼 나는 돈이 필요하니까 일요일에도 나간다고 그래요. 근데 그 사람 차를 주중에는 계속 타고 가는데 일요일에도 간혹 가자면 내가 그 사람 차를 못 타고 전철 타고 가야 하잖아요. 그런 이야기를 논할 때 그 사람이 나보고 자꾸 '혹'이라고 그래요. 자기를 계속 따라다니니까. 이 혹을 어떻게 처리하냐 그래요. 처음에는 사람이 좋았는데, 계속 붙어 있다 보니 본성이 점점 드러나더라구요. 그래서 나도 남의 차를 타고 다니니까 음식도 좀 사서 맥이고 그렇게 했죠. 그런데 그 사람한테는 만족이 안 가나 봐요. 그러니까 자꾸 부딪히더라구요. 서로 시끄러워지고. 그래서 내가 차를 안 타고 다니겠다 했죠. 한 번은 나가서 일하다가 무엇이 신발 바닥에 묻은 줄도 모르고 차에 탔어요. 그것이 카펫에 붙었는데, 그것이 껌이었어요. 그래서 껌이 붙었다고 자꾸 그래서 그 다음에 파리약을 사다가 20분 정도 닦으니까 없어지더라구요.

울컥했다. 사람이 왔는데 뛰어오라고 일부러 저만치 움직였단다. 그 나쁜 놈의 심보에 화가 치밀었다. 그런데 이어서 말하기를 '혹'이라고 했다고 했다. 못된 시어머니가 며느리에게 이런저런 트집을 잡고 못살게 구는 모습과 같았다. 만약 그가 젊고 힘이 있었다면 그러지 않았을 거라 생각했다. 노동하러 가는 사실 하나만으로도 그리 즐겁지 않았을 텐데, 젊은 사람에게 치욕스러운 대우를 당하고도 그는 고개를 숙여야만 하는 위치에 있었다.

전: 그런데 그분이 선생님한테 혹이라 그래요?

최: 말할 때 그래요. 내가 "내일부터 안 나오겠다." 그러니까, "그럼 이거 혹은 어떻게 해야 하는가?" 이렇게 말해요. 별명을 붙여서 그렇게 말하더라고.

전: 인간성이 이제 드러나는 거네요.

최: 어쨌든 내가 처음에 한국 와서 이런 생각을 했죠. '우리는 왜 중국에서도 그렇고 이렇게 수모를 받아야 하는가.', '북한에서는 내가 이렇게 살 사람은 아닌데.' 그런 생각을 했죠. 가진 게 없고 여기 현실을 잘 모르고 그런갑다 했죠.

전: 굉장히 실망스러우셨겠네요. 여기 남한에서 직장생활을 하면서요.

최: 그렇죠. 그다음에 또 직장생활을 같이 한 사람은 경찰이었어요. 그 사람은 내가 일을 열심히 하니까 상대적으로 나를 질투하더라구요. 적당히 돈이나 벌고 시간이나 보내자는 사람이었는데,

나는 정반대로 일을 열심히 하니까 나를 안 좋게 보더라고. 나는 이 사회에서 정착한 사람이 되고 싶어요. 그러려면 사람들이 나를 인정하도록 노력해야잖아요. 내가 처한 위치가 다르니까. 내 목적을 위해서 열심히 해야 되고, 이 사회에 빨리 정착해야 하고, 돈을 벌어야 하는데 그 사람은 경찰로 정년퇴직했으니까 돈과 여유가 있는데, 나 같은 사람한테 왜 그렇게 모질게 하는지 모르겠더라고. 그래서 힘들었죠.

전: 그 스트레스 어떻게 견디셨어요, 선생님?

최: 아, 그래도 그러려니 해야죠. 살아보니까, 그런 사람은 있기 마련이잖아요. 그러니까 이해해야지. 그런데 우리 가정적 형편, 그다음에 내 건강상태를 생각해야 하고, 또 돈이 있어야 하고, 공부도 해야 하고 그래요. 어디 직장이나 공장에라도 들어가야 하는데, 나이도 걸리고 또 좋은 환경이 나한텐 주어지지 않으니까 힘들죠. 그저 여기서 참고 견뎌야 한다고 생각해요. 사람 사는 세상이니까 시간이 지나면 많은 사람이 나를 알아주겠지 생각하면서 극복해 나갔죠. 극복해 나가니까 그런 사람들이 내가 옳다는 거를 알아주고 하더라구요. 그러니까 견디는 거지. 대한민국에 맨(전부) 이런 사람들만 있는 것은 아니니까. 사람들이 대부분 안 그랬는데, 어디든지 물을 흐리는 사람이 하나씩 있잖아요.

전: 선생님께 잘해주신 분은 기억에 남아 있어요? 고마우셨던 분이요.

최: 있어요. 전에 나를 관리사무소에 오라고 한 사람, 여기 서울시에서 관리소장을 하던 사람. 그 사람이 제일 고마워요. 나를 써

주면서 "월급 타령하지 말라, 직위 타령하지 말라." 이런 얘기를 듣고 들어왔는데 나를 잘 챙겨줬어요. 그 사람은 내가 이것저것 모르는 것이 많은데, 받아줬어요. 내가 컴퓨터도 잘 모르고, 여기 재정도 잘 모르고, 주택도 모르고 그랬는데, 나를 믿고 일을 시키더라고. 모르면 설명도 해주고 했는데, 그때는 아무것도 내 귀에 들어오질 않았어요. 그러니까 우리 집 막내가 그때 외대 졸업했을 때니까 엑셀을 물어보고 배우고 했죠. 관리비를 계산해야 하니까. 그래서 자식이 가르쳐주니까 좀 낫더라구요. 그런데 그 소장이 머리가 특출나게 좋은 사람이더라고. 그 사람 머리가 좋으니까 업무를 파악해가지고 엑셀로 관리비 계산하고 그랬죠. 그러다가 그거를 나한테 넘겨주는데 내가 그걸 잘 알아듣지 못하니까 할 수 없이 우리 딸한테 물어서 내가 배워가지고 일을 했지.

전: 근데 그 사람은 믿고서는 선생님께 친절하게 알려주셨어요?

최: 그분은 진짜 이런 행정을 잘하시고 그랬어요. 그러니까 그 사람은 나를 믿고, "너, 이거 해라." 이렇게 해가고 자기가 나한테 알려주면서 했거든. 그래서 고비를 넘어서 지금은 자립으로 이렇게 하죠. 아무것도 모르는 사람한테 누가 그런 걸 가르쳐줘요. 안 해주지. 그러니까 그만큼 믿어주고 밀어주니까, 나는 좋은 사람을 만난 거죠. 내가 특별히 잘나거나 똑똑한 사람도 아닌데. 그래서 그분이 지금도 생각나요.

전: 연락하세요? 그분이랑?

최: 예. 그렇죠. 그 사람은 전에도 여러 곳에서 일을 하다가 결국 관리소장을 하게 됐어요. 이북 사람들 만나서 더러 일을 시켰는데, 그때만 해도 이북 사람들이 급하고, 일에 적응을 잘 못한다고 해서 싫어했어요. 근데 어떻게 나하고는 인연이 맞아서 그분이 나를 뽑아준 거예요. 그 사람이 밀어주지 않았으면 그렇게 못했지. 그러니까 평일이 아니고 토요일 날에 나와서 우리 애들한테도 컴퓨터 액셀을 가르쳐 주고 했죠. 늦게까지 서류를 작성해서 가면, "이렇게 고쳐라, 저렇게 고쳐라."하고 잘 지도했어요. 그분하고 같이 있으면서 문구도 이렇게 저렇게 잘 만들었어요.

전: 다 이렇게 알려주셨네요.

최: 예. 내가 다 작성해서 소장한테 사인을 받아야 하니까. 그때 요구성을 높여가지고 일을 해서 지금에 와서는 틀릴 일이 없죠. 잘 적응할 수 있도록 많이 도와주셨어요. 내가 북쪽에서 기계 전기를 전문했던 사람이니까, 여기서 일하는 거는 문제가 없었어요. 처음에는 내가 집에 가지 않고 일했어요. 그래야 배우잖아요. 이렇게 해서 배웠죠. 그런데 행정은 모르잖아요. 아무런 자격증도 없고 배운 것도 없는데. 근데 그 사람이 그렇게 밀어주고 해서 내가 바뀌었죠.

전: 선생님께 안 좋게 대했던 사람은요?

최: 옛날에 위에서 교육한다 그러면 나를 참가 안 시키고. 자기가 가거나 그런 사람이 있었죠. 그런데 일할 때는 위 사람이 관심을 가져서 '잘했다, 못했다, 이거는 더 요렇게 하면 좋겠다, 이

런 것은 하지 말았으면 좋겠다.' 이렇게 관심을 가져주는 것이 좋은데, 죽이 되든 밥이 되든 알아서 해보라고 하는 사람이 진짜 싫고 힘들어요.

전: 여쭤봐도 말씀을 잘 안 해주셨어요?

최: 내가 볼 때 일을 열심히 해야 되겠다는 생각이 있는 것이 아니라, 어느 기관에서 잘 나가다가 이렇게 내려와서 일하는 사람들, 그저 일하기는 싫고, 그렇다고 무작정 놀기는 그러니까 그저 시간이나 보내고 하는 사람들. 외국에도 가는데, 일하기는 싫어하는 사람들. 이런 사람들이 싫어요. 일을 안 하잖아요, 기본도 안 해요. 그저 월급이나 받고 그래요. 그러나 나는 여기서 일을 잘 해나가지 않으면, 한순간에 말썽을 부리면, 한순간에 짤릴 수 있잖아요. 그러니까 열심히 하는데, 지휘관들은 나같은 사람을 안 좋아해요. 책임자 입장에서는 나 같은 사람보다 자기 비위를 맞추는 사람이 좋겠죠. 뒤에서 선물도 보내주고 뇌물도 주고 하는 사람이 더 낫지. 그러니까 그런 사람들 하고만, 그런 사람들을 포섭해서 자기 옆에 두려고 하지. 나같이 일만 하는 사람은 조금 멀리 두더라구요. 그런데 주민들이 내가 여기 오래 있는 동안에 나를 다 잘 봤죠. 그러니까 그 소장이 제멋대로 하고 나를 함부로 대하니까 주민들이 나를 감쌌지. 그럴 정도로 내가 일을 해왔으니까.

전: 주민들이 인정해 주신 거네요.

최: 주민들이 알잖아요. 일 안 하는 사람들하고 나하고 마찰이 생기

158

잖아요. 그러면 처음에는 그 사람 편을 계속 들어주더라고. 그러다가 내가 입이 센 주민들을 동원해서 "왜 이렇게 일하는가"라고 따지니까 소장이 생각을 바꿨지. 그다음부터 나도 그 사람한테 "소장님, 이러면 주민들이 와서 보잖아요. 일을 합시다." 그랬어요. 주민들도 관리실 와서 보면 일을 안 하고 항상 컴퓨터에 앉아서 드라마나 시청하거나 자니까 주민들도 소장 알기를 우습게 알고 그래요. 소장은 아직도 누가 말해서 자기를 모함한다고 생각하는데, 그런 게 아니잖아요. 소장이 하는 행동, 그 행동을 바로잡지 않는데, 누가 인정을 해줍니까. 아직도 누가 말해서 그런 걸로 생각하더라고. 소장님이 돌이켜 보고 자신을 바로잡아야지. 그래서 내가 "소장님이 고칠 생각 안 하고 그렇게 하면 되겠는가?" 하고 따졌죠. 자리부터 바꾸라고 했고, 여기 와서 일하기로 했으면 자리부터 바꾸라고 했어요. 그러니까 소장이 "그걸 왜 이제 말해주냐?"고 해요. 아니, 나이가 60이나 지난 사람인데. 왜 모를까. 주민들이 나서서 소장한테 압력을 가하고 이러니까 조금 바꾸려고 하더라구요.

전: 그 소장님이 지금 소장인 거죠?

최: 예. 소장이 심성은 착한데, 일하면서 보니까 약간 게을러요. 우리가 이렇게 끌고 가자 하면 한 달 정도 가야 바뀌거나 해요. 능력이 없는 건지, 게으른 건지. 그러니까 일반적으로 근면한 사람은 근면하죠, 소장도 일 잘하는 사람을 시켜야 하는데. 여기는 이게 안 그렇더라구요. 왜 그런가 하면 ○○공사에서 과장, 팀장 등을 하다가 이런 데 소장으로 와서 일을 하는 사람들

이 아니고, 공기업에서 정년퇴직 한 사람들을 넣어주는 낙하산 같은 자리라서 일을 잘 안 할려고 해요. 그러니까 이게 시스템 문제에요. 패턴이 그러니까, 능력 있고 부지런한 사람을 시켜야 하는데 그게 아니더라고. 자리가 딱 마련되어 있어요. 그러니까 밑에 사람들이 힘들죠. 낙하산으로 온 사람들도 그 자리가 타고 난 자리처럼 생각해요. 그런데 이분은 지금은 안 그래요

전: 변하셨네요.

최: 안 되는 건 안 된다고 대들고 못 한다고 이렇게 하고 그래요. 사람을 대할 때 편견을 갖지 말라고 얘기하니까, 그렇게 한다고 해요. 내 입지를 그렇게 만들자면 그만큼 나도 빈틈없이 해야지. 그러니까 시간이라는 게 진짜 부족해요. 나는 일이 있으면 공휴일에도 12시간 일해요. 그래도 좋아요. 북한에서 그렇게 일했으니까요. 그런데 여기서는 시간 내서 그렇게 일하는 사람 없어요. 그러니까 내 입지를 다지려면 내가 더 일을 해야지. 어쨌든 다들 관리사무소 올 때 잘 나가다가 정년퇴직해서 오는 경우가 많아요. 그러니까 일하려고 다 자격을 받아가지고 오는 사람들이라기보다 거의 일은 진짜 하기 싫어하고 그래요. 절반은 행정이지만 절반은 또 일해야 되잖아요. 할 때는 막 해야 하는데, 대체로 일하기 싫어해요. 그러니까 그런 속에서 그 사람들 이해관계하고 탈북자하고 안 맞죠. 그럴 여유가 없잖아요. 그러니까 또 내가 그 사람들하고 똑같이 그러면 못 견뎌요.

전: 근데 나 혼자만 그렇게 열심히 하면 억울하고 그러잖아요.

최: 그거는 감수해야지. 그러니까 다른 사람도 다 잘한다, 나만큼 따라한다, 자꾸 생각을 그렇게 해야 돼요. 그렇지 않으면 스트레스 엄청 받아요. 나 혼자 일을 다 한다 생각하면 힘들어요. 돈은 똑같이 받으면서라는 생각을 하면 힘들어요. 그럴 때는 순간이나마 마음이 동요하기도 해요. 소장이 할 일을 내가 하고 그러면 내가 돈을 더 받아야 하는데, 남 할 일을 내가 다 한다고 하면 힘들어요. 내가 항상 서너 시간 먼저 아침에 나오고 해도 소장은 나보다 돈 더 타고 그러잖아요. 소장이 아무 노릇도 안 한다고 생각하면 내가 스트레스 받아서 일 못해요.

전: 근데 선생님. 그러면 너무 아침 일찍, 밤에는 늦게까지 일하시면 식구들하고 같이 있을 시간이 없잖아요.

최: 식구들이라는 게 그래요. 애들이 다 나가고 없잖아. 우리 집사람은 친구들 만나고 그래요. 몸이 아파서 일 못하는 친구들이 있잖아요. 그러니까 그 친구들하고 오늘 저녁도 밥 먹자 한다고 해서 나가더라고. 그러라고 했지.

전: 그러니까 점심때 가시면은 다 챙겨주시고 그러시겠네요.

최: 그렇지. 우리 집사람이 자기 아파서 일 못하니까 내조를 잘해요. 중국에서 고된 노동을 하면서, 관절염이 걸려가지고 일을 못하니까. 바로 걷지도 못해서 약을 먹었는데, 약 먹으니까 또 내장 기관에 문제가 생겨서 다른 병이 오더라고. 이러니까 책 보고 물어보고 해서 민간요법으로다가 서리태 콩을 1년 치 사다가 매일 먹었죠. 어쨌든 좋다는 음식은 다 찾아다가 만들어서 먹였지.

전: 내조를 해주시네요.

최: 견과류를 사다가 먹이고 하니까 관절도 많이 완화가 됐고 해서 내가 이렇게 일할 수 있게 됐지. 그러니까 집에 와서 계속 밥 먹고 이러니까, 식당 밥 먹는 거보다 낫지.

전: 선생님도 집안일 도와주시는 편이세요?

최: 집안일은 진짜, 북한에서는 남자들 많이 안 해요. 근데 북한에서는 내가 어머니하고 같이 있었어요. 그러니까 우리 둘이 일하고 어머니가 다 해줘요. 집사람도 직장 다니다가 몸이 아프고 하니까 내가 청소도 하지 말라고 그랬어요. 하루 일하고 이틀 앓지 말라고. 내가 그만큼 나가서 일하니까, 하지 말라고 그랬죠.

전: 두 분이 평소에 같이 지낼 시간이 많으세요? 일요일 같은 때는 뭐하세요?

최: 애들이 호주에 가 있거든. 막내가. 유학 갔다가 거기서 지금 학교 졸업하고 친구들하고 지내는 데 벌써 3년 됐어. 거기서 자리도 잡았고. 그런데 본인은 한국에 안 오겠다고 하더라고. 비자 연장해서 기한이 있기는 한데, 거기서 공부하고 일하고 그러지. 처음에 학생비자 가지고 갔으니까. 근데 뭐인가 그, 70이 되면 그때 호주로 보내준다고 그러더라구요. 그래서 내가 그랬지. 대한민국도 돌아본 데 없는데, 뭐하러 호주까지 가냐고 그랬지. 내 생각 그래요. 북한에서 살다가 여기 와서 사는 것만 해도 천국이다 싶어요. 북한에서 살던 사람이니까, 내 형제들이 거기 사는 거 생각하면 불쌍해요. 나는 천국에 와 살잖아요. 그래서

만족해요. 나는 외국에 가고 싶지 않아요. 애들이 정 가라믄, 일본이나 한 번 다녀올까 싶지, 호주 가려면 천만 원 들어간다고 하는데 뭐 하러 가요. 우리 세대는 한 푼이래도 모아야 해. 돈이 생기믄 정치적으로 박해를 받는 형제들한테 천만 원 보내주면 10년은 잘 먹고 살 수 있어. 그래서 지금도 그 뭐인가, 내가 이렇게 여윳돈이 생기믄 모아요. 노는 날에 일해서 돈이 생기믄 마누라한테 주지만은, 또 내가 모아서 북한에 내보내고 있어요.

전: 근데 형제가 거기 몇이나 되세요?

최: 거기 셋 있어요. 그리고 엄마가 92세에 돌아가셨는데 이제 3년 제사 지났어요. 근데 참~. 내가 그 뭐인가, 여기서 백만 원 모으기는 간단하잖아요. 근데 그 사람들은 백만 원이면 1~2년을 일 안 하고 살 수 있는 돈이라고요, 그러니까 우리는 백만 원이 간단하지만은 북한에서 그 돈은 정말 귀한 돈이지요. 그러니까 내가 죽기 전에 내가 살아서 있는 힘만큼 좀 도와줄려고 이래요. 처음에 와서는 어려우니까 몇 년 동안 못 줬는데, 어머니도 돌아가시고 누이도 돌아갔어요. 돌아가니까 이제 둘이 남았는데, 내 위에 하나 있고 그러니까 죽기 전에 그 사람들 생활을 좀 풍부하게 해주려고요. 열악하니까, 오래 살지 못하잖아요. 그래서 죽기 전에 내가 뭐인가 그, '원이래도 풀자.'고 생각하고 있어요. 그 사람들 만날 수도 없고 하니까 돈이라도 전달해야 되겠다 싶어. 그렇게 생각하니까, 외국에 여행 가고 싶은 마음은 좀 삼가고 싶어요.

전: 여기 내려오실 계획은 없으신 건가요? 그 형님은?

최: 그 사람도 자식이 나가 있으니까 부모가 오믄 그 자식이 마음에 걸리잖아요. 그러니까 자식들이 북한에 널려져 있는데 그 식구들 다 모여서 오자면 오래 걸리지.

전: 자식들이 다 크고 해서, 남한으로 오려면 위험한 건가요? 가족들이?

최: 모르지. 부모가 오면 또 그 자식을 두고 올 수가 없잖아요. 자식도 여럿이니까. 이게 그저 뭐인가, 오라고 해서 오다가 무사하면 괜찮은데 붙잡혀서 죽는 게 많아요.

전: 중국으로 가서서 통행권으로 전혀 못 들어가나요? 북한에?

최: 못 들어가요. 지금은 안 내줘요. 불가능해. 북한은 이게 그 뭐인가, 위에서 결심하고 "그걸 중지해라." 하믄 그렇게 해야 돼. 그러니까 그 지역 공휴일에 노는 것도 "이번 공휴일에 놀지 말라, 몽땅 일해라." 그러면 일해야 해요. 공휴일도 그렇게 독재가 심각해요. 예를 들어서 공장에 만 명 정도 노동자가 있는데, 거기 최고에 있는 사람이 "야, 다음 주 일요일에 쉬지 못해. 다 나와." 그러면 돈 주고 안 주고를 떠나서 다 나와야 해요. 거기에 반항하는 사람은 중국 같은 데 다닐 수 있는 통행증을 안 내줘. 위에서 방침을 내려서 왕래를 중지해버리는 거지. 중국이 개혁, 개방하면서 북한하고 왕래가 있었지. 중국하고 북한이 공산권이니까, 처음에는 정례화 돼서 했지. 그다음에 중국이 1960년대 들어 문화혁명하면서 중국하고 북한이 서로 왕래가 뜸했지. 그다음부터는 서로 엇박자로 놓고 중국에서 왕래하자고 해도 북

한에서 안 된다고 했지. 그러다가 1970년대 후반에 중국이 개혁 개방을 했고, 그것이 세계적인 추세라서 거기에 어울리게 인권도 좀 존중해주고 했지. 그런데 그때 자본주의 사상이 중국을 통해서 북한으로 들어오니까 더 경비가 엄격해졌죠. 그러니까 내가 왔을 때만 해도 중국에 친척이 있으면 좋았지. 왜냐하면 북한 땅에까지 가서 가족을 만날 수 없으니까 세관하고 친해야 북한 가족한테 돈도 주고 할 수가 있거든. 세관에 가서 이 중국 쪽에 인맥이 있으니까 북한 세관에다가 뭐라도 주면서 "야, 우리 친척인데 이쪽으로 오라 해라." 이렇게 해가지고 몰래 언니 오빠랑 만나고 그랬지. 서울에 가서 산다고 하면서 돈도 좀 넣어주고 그랬지. 중국 세관에서 일하던 놈이 세관장을 아니까 연결해주고 했지. 근데 그때는 저 뭐인가, 보수정권이 아니어서 가능했는데, 지금은 보수정권 들어서면서 점점 북한하고 관계를 다 차단해서 못하잖아요.

전: 아이고. 빨리 통일이 돼야 선생님 형도 보시겠네요. 그죠?

최: 우리 생각은 그렇지만, 저 김씨 집안은 통일이 되든 자기 집안을 잃잖아요. 그러니까 그 사람들은 어떻게 해서든 통일을 못하게 해. 우리도 북한에 살 때는 통일을 원해. 동족이 이렇게 갈라져서 살아야 하는지 답답할 때가 있어. 북한이 저렇게 독재사회를 유지하는데, 경제는 피폐해지고, 개방도 안 하니까 그렇게 됐지. 그래서 한탄해요. 그러니까 북한이 지금 이렇게 총칼로 묶어놨으니까 그러지, 많은 사람이 다 통일을 원해. 왜 우리가 한국이라는 말만 해도 잡혀가는지 알 수가 없어요. 서로 무슨

등질 일 있어요? 그렇잖아요. 근데 오직 저기 한 줌도 안 되는 저런 사람들이 자기 이해관계 때문에 그렇게 하니까 답답한 거지. 거기서도 통일을 간절히 바라지.

전: 선생님. 그러면 화제를 돌려서요. 그 소장님하고 몇 명이서 일해요? 팀이라고 해야 하나요? 그분들하고 같이 술도 마시고 그러세요?

최: 그런 건 하지. 이번에 소장이 사면 다음에는 내가 산다, 누가 산다고 해요. 정례화해서 누가 말 안 해도 한 번 사믄 그 다음에는 또 누가 사고 그래요. 한 달에 한 번 이상은 하지. 그러니까 일하면서 트러블이 있어도 인간적으로 막 질시하는 정도는 아니니까. 같이 밥 먹으러 가자 그러면 가서 먹고 그래요. 일하다 보믄 같이 물청소도 하니까 그때 꼭 밥을 먹어요. 어쨌든 일주일에 그저 한두 번은 같이 밥 먹을 일이 많지. 우리가 SH 산하니까 그 사람들하고도 연계 있고 그래요. 그러믄 더러 회식도 하고 그래요. 근데 그 사람들은 여유도 있고 하니까 '적당히만 하자.'고 그래요. 지휘관이 '요거는 요렇게 하자, 저거는 저렇게 하자.'고 해야 하는데, 그런 거를 잘 안 하더라고.

전: 그러면 식사하시다가 허심탄회하게 말씀도 하고 그러세요? 소장님한테 서운한 얘기도 하고 그래요?

최: 그저 서로 웃기는 얘기하고 그래요. 표면상은 그렇지. 진지하고 무거운 얘기는 잘 안 해요. 밥 같이 먹고 산책도 좀 하고 그래요. 사업은 사업대로 얘기하고, 인간 정서생활은 또 따로 얘기

하고 그래요. 사업적인 얘기를 하면 아랫사람이 말해서 되는 건 아니잖아요. 그 사람이 그걸 다 못 고쳐요. 근데 문제가 생기면 그것을 계속 놔둘 수는 없잖아요. 모순이 생기잖아요. 그러니까 나도 방법을 모색하고 그다음에 상대방도 한번 타격 받으면 '그렇게 하면 안 되는구나.'를 알겠죠. 그러니까 머릿속에다가 일하는 데 있어 여러 가지 방법을 심어놔야 해요. 주민을 동원할 수도 있고 그다음에 우리 윗사람보다 높은 더 위에 있는 사람을 동원할 수도 있고. 그다음에 '진짜로 이 사람 떨구자.'고 하면서 다른 사람을 부추겨 죄를 씌울 수도 있잖아요. 근데 그런 방법을 피하고 자꾸 그 뭐인가, 허점을 찌르다 보믄 그 사람도 납득하는 거라. 그 사람을 떨어뜨리겠다는 목적으로 해서 하믄 나도 상처를 받고 그 사람도 상처를 받아서 결국 승자가 없어요. 그러니까 호상(상호) 잘 되는 방향으로 싸우기도 하고. 어떤 때는 그 뭐인가, 좋은 방법으로 밥 먹으면서 말할 수도 있고 그래요. 그런데 일단은 허점을 딱 찔러서 말하기보다 일반적인 여론을 말해서 소장 귀에 가게 하는 방법이 있어요. 물론 본인이 직접 이렇게 말하는 방법도 있어요. 일을 잘 하는 사람이 있는데, 안 시키면 "이거를 시켜라."라고 말해요. "일을 할 줄 아는데 왜 안 시키냐?"고도 해요. 그러나 인간 생활이라는 게 옳은 그른 것을 떠나서 자꾸 이런 방향으로 가면 안 되잖아요. 그러니까 여러 방법으로 모색해야지. 그러니까 우리 탈북자들이, 그 뭐인가, '나를 업신여긴다, 대한민국 놈들이 다 나쁜 놈들이다.'고 생각하면 안 돼요. 실지는 진짜로 남한 사람이 북한 사람보다 좋은 사람들이 더 많지. 북한사회보다는 훨씬 더 좋은 사회니까, 우리 탈북자들이 그런 마음가짐을 가지믄 안 돼. 우리는 여기서 세금 하나도 안 내고 이만큼 여기 발전된 데서 살게 해주잖아요. 아프리카 사람들 봐요. 어디 갈 데 없어서 바다에 빠져 죽고 그러잖아요. 우린 대한민국이 우리를 품어주니까 살 수 있잖아요. 근데 한편으로 자본주의 사회라서 북한보다 생존경쟁이 더 치열해. 훨씬.

전: 북한에서 일하실 때보다 남한에서 일하실 때 스트레스를 더 많이 받으세요?

최: 북한은 이미 정해져있는 게 있어서 스트레스를 덜 받아요. 성분이 어느 정도 좋으면 '이 사람은 어디까지 간다' 이런 거가 있어요. 그러니까 성분에 따라 애들도 '적당히 살면 된다.'는 생각을 해요. 직업도 정해주고 하니까. 그러니까 한편으로는 이런 것 때문에 불평이 심해요. 그다음에 스트레스는 어디나 다 있지만 북한은 독재가 심하니까 답답하죠. 독재를 말하고 투쟁하믄 결국 나쁜 사람으로 찍히니까. 그건 사회에 대한 비난이 되잖아요. 그러니까 독재라고 말하지 못하는 것이 스트레스라면 스트레스가 될 수 있어요. 말할 수가 없으니까, 제도가 그러니까.

전: 식구들한텐 좀 얘기해요?

최: 하지. 그런데 이런 이야기가 있어요. 장님이 그래요. 6·25전쟁 때 전쟁 나가서 눈 한 짝이 없어요. 그래서 사기 눈을 했어. 북한에서는 전쟁에 나갔다가 다친 사람들만 공장을 조직해서 국가에서 보조를 해줘요. 거기에는 팔이 끊어진 사람도 있고 그래

요. 그런데 북한에서 영예군인한테 TV를 안 줘서 드라마 볼라 하면 TV 있는 집에 가야 하잖아요. 그런데 장님이 TV 보러 갔다고 돌아오는 길에 어두우니까 소한테 부딪힌 거지. 저쪽에서 소를 끌고 오는데 한쪽 눈이 없어서 잘 못 보니까 부딪혔지. 그러면서 장님이 열 받아서, "전쟁에 나가 피 흘렸던 사람들도 TV를 못 줘서 이렇게 고생하네.", "우리가 이렇게 살자고 피를 흘렸는가." 하고 일제히 비난하고 그래요. 그렇게 북한에서의 스트레스는 사회 때문에 나오는 것이 많아요. 체제에 대한 비판을 말할 수가 없어요. 그런 말하면 나쁜 놈이 되잖아요. 그 한마디를 하면 그 사람 목숨이 어디로 갔는지 알 수 없어요. 그러니까 가족 중에도 그런 말을 잘 안 해요. 그런데 대한민국은 교육열이 심하고, 생존경쟁이 치열한 게 있어요. 그리고 성분의 굴레가 없어요. 물론 소장은 다 낙하산으로 채우고 하는 것은 관례라 어쩔 수가 없지만 그래도 북한보다는 나아요. 그런데 여기는 계속 치열하잖아요. 공무원들은 그렇지만 직장에서는 경쟁하는 문제가 계속 있잖아요. 그러니까 어쨌든 생존경쟁은 남한이 더 치열해요. 근데 그렇지 않으면 사회가 발전을 못해. 북한처럼 저렇게 해놓으면 발전 못해. 공산주의라는 게 골고루 잘 살게 하는 능력을 보여줘야 하는데, 그렇지 못해. 남한 사람이 한 민족이지만 남한에서 사는 사람이 다르고, 중국에서 사는 사람이 다르고, 북한에서 사는 사람이 달라요. 남한 사람은 접촉 못해 봤지만 내가 중국에 왔다갔다 하면서 이렇게 봤거든. 근데 1960년대에 중국이 개방하기 전에는 중국 민족이나 북한사람이나 의식이 똑같았어. 근데 중국이 계획 개방하면서 돈에 대한 집착

이 생긴 거지. 공산권 사회는 돈이 쓸 데가 없어요. 사회가 발전
하지 못하니까 내가 이 돈을 가지고 살아야되겠다 싶은 거지.
지금 북한 가니까 그렇잖아요. 먹을 거는 국가가 다 주고, 돈은
한 달 월급 받으면 쌀 3킬로그램밖에 살 수 없어요. 그거로 어
떻게 살아? 그러니까 돈에 대한 개념이 없어요. 여기 남한에서
누가 결혼한다 그러면 최소 5만 원은 주잖아. 그러면 북한사람
들은 "야~, 그거를 어떻게 주는고?" 그래요. 친구들한테는 20만
원씩 주거든? 첨에 나도 한 10만 원씩 했는데, 옆에서 다들 친한
사람들이 20만 원씩 하니까 나도 그렇게 할 수밖에 없어. 북한
하고는 돈 개념이 달라. 북한에서는 없이 살다 보니까. 근데 내
가 중국에서 생활해보니까 중국사람들이 또 남한 사람하고 달
라. 거기서는 먹고 쓰는 게 흔하니까. 놀자 하믄 같이 놀고 그래
요. 누가 뭐를 싸온다고 하면 나도 뭐를 싸가고 그래. 서로 마주
앉아서 놀자 그래요. 집단적으로 이렇게 있다 보니까 이런 게
있거든요. 북한 같은 경우는 사람이 죽으면 직장이나 동네에서
장례를 치르지. 장례도 다 그렇게 해주고 하니까 없는 사회에서
도 살 수가 있는 거라고. 그런데 여기에서는 장례를 치른다 해
도 돈이 없으면 안 되잖아요. 이렇게 가치관이 좀 달라요. 우리
가 볼 때는 8·15해방 되고 나서 남한 사람들은 자본주의를 했
잖아요. 중국은 1970년대 후반부터 자본주의를 했잖아요. 그런
데 북한은 아직도 안 하잖아요. 북한에서 일본으로 한 20만 명
정도가 1958년부터 넘어갔잖아요. 그러니까 일본에 친척 있는
사람들 많아요. 근데 자본주의 사회일수록 돈에 대한 애착이 많
아요. 그러니까 지금 남한에 온 탈북자 중에 아버지 형제들이

있거나, 고향이 여기 있는 사람들이 많아요. 포로인데 북한으로 안 보내서 여기 사는 사람들도 있고 그래요. 남한에서 포로 교환할 때 북한 사람을 다 넘겨주지 않고, 또 남한 사람도 다 안 넘겨주고 북한에 떨궈놨어요. 국군포로 같은 거죠. 북한 우리 공장에도 어릴 때 보믄 생활할 때 남한 사람들이 많았어요. 충청도 어디라고 하고 전라도 어디라고 하고 그랬어요. 우리 공장은 일제가 지어놓았는데 망했어요. 근데 거기 가 보믄 부산 사람들이 제일 많이 들어왔어요. 일제가 지어놓고 북한에서 한반도 사람을 구했으니까 남한 사람도 당연히 많았어요. 국군포로로 데려오면 돈 많이 주니까 사람들이 데려왔어요. 어쨌든 여기 사람들은 돈밖에 모른다고 해요. 그래서 정이 안 간다고 하고. 돈이 없으면 다른 사람한테도 아무것도 못해요. 형제들도 돈이 없으니까 일이 잘 안 된다고 그래요. 참 가슴 아픈 일이지. 오랫동안 갈라져 있으니까 사람들도 이질감이 생기고.

전: 정이 없다고 생각을 많이 하시나보네요. 한국 사람들이 너무 '돈, 돈'하면 정이 없겠죠. 북한 분들은 되게 정이 많은 거 같아요. 제가 느끼기에요.

최: 글쎄요. 꼭 그렇지도 않아요. 북한에서는 돈이 문제가 아니고, 여러 가지가 없어서 불편한 거지요. 굶어 죽는 것도 그렇고. 사람들이 평소에도 먹을 것만 생각하고 그래요. 기차도 제대로 다니고, 모든 게 정상적으로 이루어지는데 먹을 것만 없다고 생각해요. 굶어 죽을 지경에 이르는 것을 '굶어 죽는 사회'라 그래요. 남한처럼 법이 존재하는 사회면 북한은 열 번도 더 붕괴됐

어요. 근데 총칼로 사람을 꼼짝 못하게 해요. 월급을 타면 정상적인 생활이 돼야 하는데, 안 되잖아요. 월급 가지고 식량 4킬로그램 사면 없어요. 흰쌀을 사면 3킬로그램 정도 사요.

전: 월급은 돈으로 받아요?

최: 예. 근데 이것저것 경비에 돈이 들어가야 하는데 그게 안 되죠. 국가는 억지로 총칼로 사람을 묶어서 일을 시키는 거고. 이제는 월급도 없어요.

전: 그러면 거기서는 직장에 가도 열심히 일하고 싶은 마음이 안 들겠네요.

최: 그렇지. 그냥 일하는 거지. 지휘관이 있고 하니까 일은 하는데, 조직별로 묶었어요. 묶어서 사람을 꼼짝 못하게 하죠. 출근해서부터 맨 아랫사람까지 통제해요. 그리고 거기 경찰하고 연결해서 꼼짝 못하게 해요. 자유도 없고, 통행의 자유도 없고 그래요. 내가 어디를 갈라 그러믄 우선 당 조직의 승인을 받고 행정조직의 승인을 받아야 해요. 통행증을 내줘요. 그리고 월급을 가지고 살 수가 없어요. 그럼 어떻게 사는가 하면, 여긴 개인 재산이 없잖아요. 그럼 쌀을 몰래 훔쳐서 내가 가지고 있다가 팔아서 돈을 만들어요. 어부는 고기 잡은 거를 국가에 바치는 게 아니고 좀 숨겨뒀다가 판다든가 해요. 공장에 있는 사람은 물건을 훔쳐서 판다든가 해요. 장사를 한다든가. 남자들은 국가를 위해서 나가 일하니까 여자들이 이렇게라도 해서 돈을 벌어야 생활이 돼요. 그다음에 식량 같은 것도 국가에서 주는 게 모자라니

까 다른 방법으로 마련하고 그래요. 군대를 제외하고는 다 그저 그렇게 살고 있어요. 그래서 돈에 대한 개념도 없어요. 1990년대 중반부터 국가가 먹여주지 못하니까 부모들이 가족을 먹여줄 능력이 없으면 그 가족은 다 죽어요. 기차에서 보면 어린애들이 오랫동안 먹지 못해서 창백하고. 뼈밖에 없어요. 출장을 갈 때 애들이 울거나 여자들이 울면 먹을 것을 주고 그래요. 북한은 기차도 느려요. 그래서 기차 안에 화장실도 있고 그래요. 그리고 100킬로나 200킬로 가면 1시간씩 서서 물을 다 갈고 그래요. 북한 시스템이 그래요. 나중에 기차가 고장나믄 부속이 올 때까지 서 있다 보니까 일주일이 걸리기도 해요.

전: 고장이 잘 나요?

최: 그럼요. 기차가 고장나면 거기서 자고 그래요. 거기 기차는 유리창이 없어요. 유리 다 깨지고, 창문으로 사람이 막 올라오고 그래요. 승강장으로 오르자믄 막혀서 오를 수가 없어요. 그러니까 문이 열려 있으면 막 올라와요. 화장실을 가야 하는데, 화장실에도 문이 있을 것 아니에요. 그런데 거기에도 사람이 꽉 차 있어요. 그러믄 볼일을 볼 때 창문으로 뛰어 내려가서 멀리 가서 해결하고 다시 달려와서 기차에 올라타고 그랬어요. 사회가 갈수록 악화되다 보니까 이제는 여자들도 부끄러운 것도 없어요. 여자들은 볼일 보러 멀리 갔다가 기차를 못 탈 수도 있잖아요. 그러니까 그 여자들이 기차가 이렇게 서믄 남자들이 창문 밖으로 여자를 내려주면 여자들이 부끄러운 것도 없이 막 엉덩이를 내놓고 오줌을 누고는 그래요. 내가 그런 거를 보면서, 환경이 변

하면 사람도 도덕 윤리적으로 바뀔 텐데 그런 생각을 해요.

전: 완전 무슨 전쟁터네요.

최: 그러게요. 저도 북한에 있을 때 아침에 직장에 나가면 공장에서 자는 사람이 있어요. 부모 죽고 집에 가도 사람이 없으니까요. 그래서 직장 휴게실에서 자고 먹고 그래요. 직장에서 사는 게 너무 불쌍하니까 먹을 것도 갖다 주고 그래요. 같이 먹다가 남은 거 있으면 그것도 먹고 그래요. 배고파서 허기져서 국수 국물도 다 마시고. 남들이 먹다가 남긴 것도 잘 마시고 그래요. 배고파서 먹던 단계를 지나믄 더러운 것도 모르더라구요. 사람정신이 그래요. 거의 정신병자처럼 되더라구요. 북한에서 굶어죽을 때를 보니까, 원래 사람들이 정말 똑똑하고 멀쩡한데, 정신이 이상해지더라구요.

전: 그러다 실제로 정신병에 걸리면 어떻게 돼요?

최: 근데 북한에는 시, 군에 정신병자 병원이 있어요. '49호 병원'이라고 해요. 정신병 환자들이 사회에 존재하믄, 다른 사람이 피해보잖아요 그러니까 '49호 병원'에서 다 수용해요. '내각명령 49호'라고 해서 정신병자 수용시설을 만들어서 운영해요. 그다음에 또 '83병원'[3]이라고 있어요. 예를 들어 김정일이가 8월 3일에 얘기했다고 그러믄 팔삼, 8월 3일이라고 해서 '팔삼병원'이라고 이름 달아요. 정신병자들은 쌀이 없어서 국가가 먹이기 힘

---

3) 83은 병원이 아니라 1984년 8월 3일 김정일의 '인민소비품생산운동정책'에서 나온 <8월3일 인민소비품 정책>을 뜻한다. 이 점을 최두일 씨가 놓친 듯하다.

들고 하니까 토지를 몇 평 줘서, 거기서 자기들끼리 농사를 지어서 먹고 살아라 하고 그래요. 국가에 소출 얼마를 반납하고 나머지는 정신병자들끼리 농사지어 먹고 살아요. 그래서 배를 안 곯더라구요.

전: 마음이 아프네요. 병원 환경은 어때요?

최: 나도 아는 사람이 정신병에 걸려 몇 번 면회를 갔거든요. 병원은 시골에 있어요. 병이 심한 사람들을 가두어 놓고. 사람들이 발작하면 주사 놓고 그래요. 그래서 환자들이 의사를 젤 무서워하드라구. 근데 아침부터 일을 시키드라구. 주로 농사. 그걸로 그 사람들이 배를 채우니까. 예전에 꽃제비는 기아가 발생하면서 생겼는데, 그거를 해결하는 대책을 국가가 못 세웠어요. 지금은 사회가 어느 정도 안정됐으니까 고아원이라는 게 생겼어요. 근데 그때는 대책을 못 세우니까 그 삼백만 명이라는 사람이 죽었어. 그러니까 부모들이 죽으믄 그 자식을 구제할 사람 없잖아요. 국가가 해줘야 하는데 국가가 못하니까, 그러니까 그 가족이 집단으로 다 죽더라고. 집단으로 죽는데 그때는 아무런 대책이 없었어요. 국가도 대책이 없고. 식량이 없으니까. 그게 5년을 그랬거든.

전: 그러면 사람이 본능적으로 먹을 게 없으면 살기 위해서라도 뭔가를 훔쳐 먹거나 하는 일이 생기겠네요.

최: 훔쳐 먹지. 그러니까 거기서는 빵을 파는 사람이 빵에다가 그물을 씌워놔요. 훔쳐가니까. 너무 배고픈 애들은 그걸 낚아채 가

잖아요. 그러면 애들은 훔친 것을 주인한테 뺏길까봐, 음식을 입에 넣으면서 도망가요. 걔네가 씻지 않은 손으로 음식을 채갔는데, 그 애들을 잡아서 음식을 다시 진열해놓으면 다른 사람이 사가겠어요? 당연히 안 사지. 그러니까 주인도 이러지도 저러지도 못해. 그러니까 음식 도둑맞을까 봐 눈을 부릅뜨고 있어. 군대에서도 식량이 귀하니까, 군인들이 밥을 사거나 만들면 밥에다 기름 발라. 한 끼에 먹을 걸 비닐봉지에다.

전: 기름은 왜 발라요?

최: 기름을 안 바르면 밥이 변질되고 쉬고 하니까. 바르면 덜 쉬거든. 그런데 북한 사람들이 남한 사람보다 없이 살아서 그런지 인심은 후한 거 같애. 공산권에서 밥 먹을 때 "밥 먹읍시다." 그러면, 전에는 같이 앉았던 사람들끼리 "그럽시다." 하고 "이거 잡솨보세요, 이거 잡솨 보세요." 그랬거든. 그런데 점점 노나먹는(나눠먹는) 게 없어지드라고. 군대에서도 서로 못 먹으믄 나눠 먹고 그랬는데, 점점 식량도 귀해지니까 안 줘요. 애들을 쫓아내요. 먹는 데도 자기가 사 온 식량이 거덜이 나면 사 먹을 때도 없으니까 귀하지. 그것도 그렇고, 기차도 마찬가지예요. 차를 놓치면 안 되니까 죽을 각오로 기차가 오면 매달리고 그래요. 기차가 떠날 때 몇 번 '빵~빵' 해요. 여기서는 문이 자동으로 닫히는데, 거기서는 자동으로 닫히면 큰일 나지. 그러니까 열차원들이 나와서 "올라가시오, 올라가시오, 거기 좀 비키세요, 그쪽에 좀 자리 내주세요." 막 이렇게 소리쳐요. 그래도 못 탄 사람들은 "아들이 탔는데 엄마가 못 타믄 어떡해." 막 그러면서 엄마 찾고 아빠 찾고 아들 찾고 그래요.

전: 그게 몇 년도에요?

최: 지금도 그럴 걸. 지금도 그래요. 북한은 평양만 지하철이 있는데 위에는 버스도 있고, 그다음에, 지하에는 전철 있고 그래요. 평양은 아침에 버스가 중요한 교통수단인데, 김일성 광장 쪽이랑 모란봉 있는 쪽이랑 사람들이 한 백 명씩은 줄 서 있어요. 아침 출근 시간에 그래요. 버스 타려고. 그다음에 지방으로 내려가믄 처음에는 줄 서서 타다가도 사람들이 나중에는 밀어붙여서 타요. 그러니까 버스 탈 때 '기찰대(규찰대)'라고 해서 완장 차고 버스를 못 타게 막고 그래요. 복잡하니까. 평양도 출근 시간에는 그러는데.

전: 그렇게 해서 직장에 늦으면 어떻게 되는 거예요?

최: 북한에서 지각하면 여기처럼 뭐라 하지 않아요. 거기는 교통이 늦어서 지각했다든가 직장에서 무슨 일이 있다고 며칠 못 나오겠다고 이러믄, 그저 상사가 그러라고 그래. 직장이 국영이니까 자기 돈 나가는 거 있어요? 그러니까 직장에서는 딱히 규율이 없어요. 물론요. 자본주의 사회에서나 사람들이 기준 노동 시간보다 일을 많이 하고 더 하겠다고 하지, 공산권에서는 안 그래요. 일을 안 하려고 하니까 공산주의 나라가 망하는 거라고. 제 돈 안 나가니까 누구도 뭐라 안 해. 그러니까 직장에서는 책임진 사람만 바쁘지, 그 밑에 있는 사람은 별로 안 바빠요. 의사한테 거짓말로 진단서 떼서 일주일 정도 놀아야겠다고 하믄 그 진단만 있으믄 그렇게 해줘요.

전: 거짓말로 떼고 하는 게 어렵지 않나 봐요?

최: 전에는 북한이라는 사회가 분배도 해주고 해서 사람들이 먹고 살았는데, 지금은 그렇게 못 해주니까. 결국은 사람들이 굶어 죽잖아요. 죽는데도 인민이 눈 하나 까딱 안 하고 있으니까, 사람들이 제 살 궁리를 스스로 해야 돼요. 당에서 '수령이 어버이고, 우리를 다 보살펴준다.'고 하는데, 그거는 다 '개소리구나' 그렇게 생각해요. 이런 말이 다 물거품이 됐죠. 그러니까 의사도 무상치료라 해가지고 국가에서 돈을 주고 산 약이 의사가 누구를 주느냐에 따라서 죽고 사는 문제가 돼요. 의사도 자기한테 이득이 되는 게 있으믄, 특히 돈만 찔려주고 하면 진단서를 써줘요. 내가 거기서 살아보니까 이런 측면에서 사람들의 도덕성이 최하층인기라. 여유가 없어지고 그래.

전: 선생님. 그러면 여기서 월급 받으시잖아요. 그게 어떤 의미로 다가오세요? 북한에 비하면 큰돈인데, 돈의 의미가 선생님한테 어떠세요?

최: 북한에서 월급을 탔을 때 그건 정말 돈이 아니죠. 중국하고 왕래하니까 중국 사람들 한 달 월급이믄 우리 북한사람들은 한 1년은 먹고 살겠구나 싶어요. 이렇게 월급에 대한 가치가 달라요. 또 러시아에 간 사람들 얘기 들어보면 총 얼마 벌어 왔다 그러는데, 러시아에서 3년 일한 사람하고 중국에서 한 달 일한 사람하고 월급이 비슷하더라구요. 중국이 개방되면서 중국 교포들이 한국에 와서 식당 일도 하고 그래요. 중국 돈 30만 원이면 우리 북한사람들한테는 크죠. 북한에서 일생을 벌어봐야, 여기

와서 3년 식당 일을 한 여자만큼도 못 벌어요, 그래서 내가 누구보다도 월급에 대한 가치를 많이 생각해요. 근데 대한민국에 와 보니까, 내가 지금 중국 돈 가치로 따지면 만 원 이상 벌어요. 한 달에 말이죠. 근데 중국 돈 만 원이믄 북한에서는 일생을 살 수 있는 돈이라구요. 북한에서는 그렇게 가치가 없잖아요. 우리 이모부가 아직 살았는데, 내가 이번 추석에도 돈 10만 원을 보내줬어요. 이모는 돌아갔고. 그래서 외사촌이 나한테 고맙다고 하더라고. 이렇게 대한민국에 왔으니까 내 자신도 행복스럽지만은 내 처지가 완전히 바뀌었잖아요. 내가 부강한 나라의 국민으로 있기에 내 월급이 간단치가 않아요. 대한민국 사람들은 아마 이게 적다고 생각하는지 모르겠는데. 나는 여기 와서 이런 과정을 걸치고 와서 그런지, 진짜 월급에 대한 뿌듯함이 있어요.

전: 월급 타시면 선생님 자신을 위해서 쓰는 것 좀 있으세요? 예를 들어, '내가 고생했으니까 추어탕이라도 한 그릇 사 먹자.' 이런 거요.

최: 아까도 말했지만 우리 집사람이 내조를 잘 해줘가지고 그저 다 갖다줘요. 나는 그저 5만 원만 타서 써요. 지금은 10만 원. 또 내가 부수입이 생겨요. 검침비 이런 거. 이런 비용은 통장으로 안 들어가니까 내가 그냥 말 안 하고 쓰고 그래요. 그래도 모자라면 좀 더 달라고 그러고. 가끔 예전에 한 공장에 있던 친구들이랑 주기적으로 만나서 밥 먹고. 그러죠.

전: 그러니까 나를 위해서 쓰는 거는 많이 없네요.

최: 나를 위해서 쓰는 게? 건강 회복해야 하니까, 산수유, 오미자, 구기자도 먹고 그래요. 야관문, 블루베리, 견과류, 사과, 곶감 등등, 어쨌든 집에서 사 먹어요. 그냥 그렇게 사는 거지.

"그 뭐인가." 그는 중간중간 이런 말을 자주 하셨습니다. 북한 말의 특징인지, 그의 특징인지 잘 모르겠지만, 저는 그 말이 듣기 좋았습니다. 사투리도 아니고, 표준어도 아닌 것이 신기했습니다. 처음 들어본 말인데, 그와의 대화가 쌓이자 점차 익숙해졌습니다.

그는 쌈짓돈이 있으십니다. 부인에 대한 애틋함이 커도, 북한에 남아 있는 동생과 형을 잊는 날이 없다고 했습니다. 92세에 돌아가신 어머니를 생각하며, 제사 때라도 푸짐하게 음식을 차리라고 동생과 형에게 악착같이 모은 돈을 북한에 보내주십니다. 그럴 때면 마음이 한결 편해진다고 하십니다. '만나지 못하니 돈이라도 붙여주자'라는 이런 마음이 사라지는 날이 올까요. 그가 생전에 동생과 형을 꼭 만날 수 있으면 좋겠습니다.

빵을 지키기 위해 그물망을 덮어둔 장면이 아프게 다가옵니다. 빵을 훔쳐가는 이들을 막기 위한 일종의 방어라 하겠습니다. 열악한 대중교통 시스템은 인간의 윤리와 도덕을 모조리 빼앗아가는 듯합니다. 생활 윤리와 교양은 찾아보기 어려워 보입니다. 새삼 저도 대한민국의 편리하고 깨끗한 대중교통과, 오랫동안 제 친구가 되어 준 작은 차(저는 제 차에게 '충성이'라는 별명을 오래 전 붙여주었습니다. 제가 원하는 대로 어디든 충성스럽게 움직여준다는 뜻)가 고맙게 느껴집니다.

인터뷰어: 전주람(이하 '전')

인터뷰이: 최두일(가명, 이하 '최')

인터뷰 일시 및 장소: 2017년 11월 4일(약 2시간), 양천구 아파트 내 공가

초고 완성 및 북한 관련 내용 감수자: 김지일

내용 구성 및 정리: 곽상인

● ● ●

그의 표정은 대체로 진지합니다. 저는 그의 그런 태도가 좋습니다. 그는 오늘 무슨 말씀을 해주실까요?

전: 오늘은 재밌는 상상을 해볼게요. 선생님을 동물에 비유한다면 어떤 게 있을까요? 예를 들어서 토끼도 있고, 호랑이도 있고, 표범도 있고, 뱀도 있고. 비유를 할 수 있을까요?[4]

최: 나는 처음에 사람들과 어울리기를 힘들어해요. 그런데 1년, 2년 정도 지나야 잘 어울려요. 탈북자라 그런 것도 있고. 다른 사람을 차별하려고 하는 것도 아니고요. 경쟁관계에 놓였을 때에도 생활하다 보믄 인간적으로 서로 보듬을 줄 알고 그래요. 일을 오랫동안 하다 보니까 내가 이 분야에서 고참이에요. 아파트를 끌고 나가는 일 만은 나한테 의존할 수밖에 없게 됐어요. 일을

---

4) 비유 질문을 시도했으나 인터뷰이는 내 메시지를 명확히 이해하지 못했거나 생소한 질문이라 회피한 것처럼 보인다.

해보니까 저번에도 말했지만 주민들이 다 옹호해주죠. 내가 일
도 빨리 하고, 일도 잘되게 하고 열성스럽게 하니까요. 내가 이
제는 젤 오래 있다 보니까 다른 사람들이 나한테 의존할 수밖에
없을 때도 있어요.

전: 그러니까 시간이 지나면서 변화가 있었네요. 처음에는 선생님을
배척하고 불편해하던 사람들도 능력을 보고 인정해준 거네요.
직장 동료들도 마찬가지구요. 이때 선생님한테 힘이 생기셨네
요? 그러면 역으로 선생님도 시간이 지나면서 동료를 다르게 본
부분이 있으신가요?

최: 예를 들어서 내가 어떤 집 보수를 해야 했어요. 비가 새고 타일
이 떨어지고 해서. 내 딴에는 잘하느라고 연관 업체에다가 얘기
하고 주인을 찾아서 어느 날에 할 테니까 집을 비워주라고 협조
하고 했지. 그런데 주인이 '빨리 해달라. 왜 이제까지 안 했냐.'
고 하면서 나한테 막 화를 내는 거예요. 주인은 "비가 새서 냉
장고를 못 쓰게 됐다, 변상하라, 왜 빨리 안 해주냐"고 하면서
자~꾸 말하는 거예요. 나는 주인한테 '당신이 협조를 안 해주고
해서 생긴 문제다.'라고 하니까, 그 사람이 나하고 말하기 싫다
고 "소장을 바꾸라."고 해요. 그럼 소장이 그 사람하고 통화를
하면서 주민한테 "잘못했습니다."라고 말하더라고. 그런 걸 내
가 이렇게 보면서 '나는 우리 소장처럼 "잘못했습니다."라고 말
하지 못할까, 왜 나는 반발했을까.' 그런 생각이 들어요. 그런데
저 소장은 '진짜 내 생각은 요만큼도 안 한다.'고 느꼈어요. 주민
하고만 통화하면서 "잘못했습니다." 그렇게 하고 나서 나한테

와서 "저걸 좀 빨리 해주지 왜 그랬냐"고 하거든요. "주민들하고 싸우지 말라."고 하고. "우리는 어쩔 수밖에 없다, 주민이 왕이니까, 주민하고 싸우지 말라."고 해요. 그럴 때 나는 솔직히 실망스럽지. 그래도 어떻게 하겠어요. 내가 잘해도 나를 나쁘게 말하는 사람은 "소장이 그렇게 했다."고 그럴 거잖아요. 소장이 민원을 받았으면 소장이라도 해야 되는데, 소장은 민원을 받은 것으로 끝이라고 생각하니까, 결국에는 내가 일처리를 또 해야 해요. 결국 내가 해결하거든. 소장이라면 주민을 설득하고 해야 하는데, 일이 되는 방향으로 일처리를 해야 하는데, 그게 어려울 때가 있죠. 주민은 "이렇게 해 달라." 하는데, 그저 "잘못했다."고 말하는 것도 그렇고.

전: 근데, "소장님. 이런 부분이 실망스럽습니다."라고 말씀하시면 안 돼요?

최: 나중에 얘기할 생각이요. 청소 업체랑 일을 제대로 안 하고, 계약도 제대로 안 하고. 이런 모든 게 소장한테 대들어서 그런가 싶기도 하고. 어쨌든 인간관계가 쉽지가 않아요. 그러니까 북이나 남이나 이런 문제를 잘 처리해 줘야 하는데 쉽지가 않아요.

전: 하고 싶은 말 다 하는 건, 별로 안 좋아하세요?

최: 그러면 안 돼. 하고 싶은 말 다 하고 그러면 안 돼. 나 때문에 소장이 욕먹고 그러면, 소장이 섭섭하게 생각하드라고. 예를 들어서 '전기 담당할 사람이 있는데, 문제가 생겨서 소장님이 직접 조사해라.'라고 하면 서운해 하더라고. 그러니까 원래 하던

사람이 일을 해야 하는데, 그 사람이 문제가 생기니까 소장이 해야 하는 거잖아요. 그런데 소장이 그 일을 모르고 하니까, 나중에는 소장이 막 와서 나한테 사정해요. "요것만 해 달라."고 막 그래요. 나는 내 할 일이 아니까 "안 한다."고 그래. 그러면 주민이 또 소장한테 "일도 안 하고 밥 먹는 사람이냐?"고 막 뭐라 해. 그러면 소장이 내부사정을 다 얘길해야 돼. 그러면 주민들이 "당신이 소장이니까 직원한테 이렇게 하라고 말해야 한다."고 해. 소장이 주민 말을 거역하면 민원이 제기되잖아요. 그러면 소장 자신도 설 자리가 없어지거든. 그러니까 이제는 우회적으로 일하고 그래요. 그렇다고 해서 계속 일을 안 할 수도 없고. 도와줄 땐 도와주다가, 공격할 때는 공격하고, 또 이렇게 서로 밀고 당기면서 일하면 돼. 지금은 서로 조금씩 둥글둥글해졌어요. 효과가 좀 있드라구요. 그러니까 이북사람이라고 해서 무시하면 안 돼요. 나도 지내다보니까 여러 가지 방법을 써서 일이 되게끔 해요.

전: 그러니까 선생님도 고민을 많이 하셨네요?

최: 그렇지. 사람이 다 그건 비슷하잖아요. 그러니까 사람들하고 많이 휩쓸려서 일하고 관리를 해봤으니까.

전: 행동이 바뀌면 그때는 기분이 나쁘셨어도, 전체적으로 도움이 될 수도 있잖아요.

최: 그렇지. 소장이 낙하산으로 와서 일을 저따위로 한다고 그랬지. 그래서 소장한테 항의도 하고, 위에다가 말하기도 하고 그랬지.

내 얘기를 안 들으니까 주민대표한테도 말하고 그랬지. 그래서 많이 바뀌었어요. 처음에는 소장도 나를 자꾸 배제하려고 했고, 내가 하도 뭐라 하니까 자기도 나를 모함해서 쫓아낼라고 그렇고. 그런데 나중에는 자기가 천천히 바꾸더라구요. 잘못된 거 아니까.

전: 그분은 지금, 선생님께서 말씀해주시는 거를 고맙게 생각하실까요? 소장이 밥 한번 살 수 있는 거 아니에요?

최: 내가 말을 했거든. 우리 윗사람들하고 관계도 좋게 해야 되니까 내가 밥 사겠다고 했지. 근데 어느 짬에 가서 소장이 다 계산했드라구요. 그 점은 내가 고맙게 생각하고 있지. 그럭저럭 지내다 보니까 많이 좋아지시더라구요. 북한에서 살았으면 짐승보다도 못하게 살았을 것인데, 대한민국에 와 있으니까 계산도 하며 사는 거지. 내가 처한 환경을 객관적으로 볼 때, '나는 정말 여기 없었으면 어디 가겠는가.' 그런 생각을 해요. 그러니까 나는 항상 고맙게 생각하고 여기에서도 남보다 더 열심히 일하고 봉사해야 한다고 생각해요. 여기는 자본주의 사회니까. 경쟁력에서 내가 이기자믄 남보다 더 해야 된다는 생각을 우선으로 해요. 그래서 어떤 의무감으로 이거 해야 된다는 마음이 하나 있고요.

전: 선생님. 그러면 일하시면서 만족스럽거나 재밌었던 경험이 있어요? 보람된 일이라도요. 기억에 남는 일 있을까요?

최: 정전이 나거나 기계가 고장나거나 그러면 계속 불려 나와요. 보

통 일하는 사람이 나한테 전화해요. 근처에 살다 보니까. 그러면 귀찮기는 한데, 또 나를 찾아주니까 고맙고 보람되고 그래요. 여기서는 내가 필요한 존재로 살 수가 있으니까 얼마나 좋아요. 뭔가를 하고 싶어도 나를 찾아주는 사람이 없으면 서럽잖아요. 여기 와서. 정착해서 이렇게 불림을 당하고 사는 게 얼마나 행복한지 몰라요. 굳이 내가 안 해도 될 일들이 있어요. 그런 일들도 내가 다 해요. 처음에는 내가 할 일이 아니라고 생각했는데, 지금은 기안문 만들고 서류를 작성하고 해서 다 해요. 시간 모자라면 집에 가서라도 해요. 육체적으로 못하는 그런 일을 내가 어느 정도 할 수 있으니까 계속 일 하는 거지, 그러니까 내가 노력한 덕에. 이만큼 할 수 있구나 하고 생각해요.

전: 근데 요즘 한국 사람들 중에 그런 마음으로 일하는 사람들이 많진 않은 거 같거든요. 그러니까 계산적이고? 내가 할 일이 끝나면 그만이라고 하는 사람들이 많거든요. 이런 것에 대해 어떻게 생각하세요?

최: 대부분 자본주의 사회에서 살았으니까 그럴 수밖에 없겠죠. 근데 내가 어떤 때는 진짜 분할 때도 있어요. 왜 그러냐 하믄 특근할 때가 있어요. 계속 밤을 새워서 일하는데, 이것에 대해서 경비를 처리해주지 않고, 당연하게 생각하는 것이 서운해요. 어쨌든 계속 참으니까 결과는 안 좋더라구요. 말 안 하니까 특근비 계산 안 하고.

전: 그러면 선생님이 갖고 있는 신념이 있으세요? 내가 일할 때 이것만큼은 꼭 지키겠다, 이런 거 있으신가요?

최: 일하다 보믄 그런 것이 있지요. 수도를 고친다든가, 무슨 기계가 고장 나서 고칠 때, 그 물건값이 있잖아요. 물건값도 있고, 내가 고쳐서 받는 비용도 있고 그래요. 예를 들어서 수도꼭지 물품이 3만 원인데, 그거를 교체할 때 드는 인건비도 있을 거 아니에요. 그런데 나는 물건값만 받거나 더 싸게 일처리를 하는 경우가 있어요. 그러면 나중에 밥이나 한번 먹자고 하면서 끝내요. 나는 다만 내가 지금 일하는 것에 만족할 뿐이지. 내가 이거 몇 만 원짜리이고 몇 천 원짜리인데, 얼마 들여서 그렇다 이런 말을 잘 안 해요. 내가 건강하고 나이가 어리고 이러믄 아무 일이라도 도전하겠는데, 공부도 하고 이러겠는데, 가정 형편상 어려우니까 그냥 맡겨진 일을 열심히 할 뿐이지. 뭐 하루도 쉬지 않고 일했는데. 그 현인택 장관도 그러더라구요. "연세가 있으니까 욕심을 부리지 말고 일하시고, 자식들 잘 되믄 그만이다."고. 그때는 내가 60이었는데. 그러니까 그때 초심에서 떠나서, 여기 몇만 원 짜리를 가지고 내가 그렇게 한다믄 내가 죄를 짓는 거라고 생각해. 그러니까 청렴해야겠다는 생각이 크지. 그런데 너무 소신을 가지고만 일하면 옆사람이 피곤하다고 생각해. 그러니까 "일 하는 거, 너무 고집 세우지 말라."고 집사람이 그래요. 둥글둥글하게 살고, 양보하고 살라고 해요.

전: 그런데 선생님은 성격상 그렇게 안 되실 걸요?

최: 맞아요. 성격이 그런가 봐요. 그러니까 우리 막내가 꼭 저 같아요. 그래서 우리 집사람이 자꾸 둥글둥글하게 성격을 고치라고 그래요. 옆에 사람들이 좀 피곤해하드라고. 근데 소신을 지킬

필요도 있어요. 내가 전에 봄철 환경 정비에서 꽃이랑 퇴비를 사는데, 신청서를 내면 구청에서 지원해줘요. 그런데 주변에서 그 돈으로 뭐를 사 먹자고 그러더라고. 그래서 내가 반대했지. 나 그렇게 못하겠다고. 그러니까 같이 일하는 사람 그러더라구요. "소장이 당신보다 백배 더 청렴하다."고. 내가 그 말을 듣는 순간에, 열받더라고. 그러니까 그 사람이 그런 식으로 말할 정도니까, 나도 피곤한 사람이지.

전: 그러니까요. 인터뷰도 이렇게 시간을 꼭꼭 채워서 성실하게 해주셔서 고맙습니다. 만약에 선생님이 회사를 움직이는 오너라고 가정해봐요. 지금 북에서 내려온 지 얼마 안 된 후배들에게 남한 사람들하고 어떻게 인간관계를 맺고, 어떻게 하는 것이 정착에 도움이 되는지 조언을 해줄 수 있을까요?

최: 우리가 하나원에서 나올 때 귀 터지게 말해요. 첫째는 '배워라.'입니다. '대한민국에 정착하자믄 배워라. 북한하고 여기하고 다르니까 배워라.' 자기가 좋아하는 거를 배우라고 말하고 싶어요. 학원이든 두 번째는 '열심히 일해라.'입니다. 북한은 원칙이 적용 안 되는 사회잖아요. 공산주의를 하다보니까, 사람들이 다 일하기 싫어하고 배우기 싫어해. 세 번째는 '고생을 해보라.'고 말하고 싶어요. 고생하라는 말은 자신이 꿈꾸는 꿈을 위해서 노력하라는 말이에요. 이북에서는 일 안 하고 안 배우고 하는 것에 습관이 돼 버린 사람들이 많아요. 그래서 여기처럼 배우려고 힘쓰고, 일하려고 힘쓰고, 고생해서 성공하려고 힘쓰라는 말을 하고 싶어요. 여기서 정착하려면 남한사회를 배워야 해요. 그리

고 북한에서 쪼들리고 못 먹고 못 사는 사람들이 여기 와서 간단히 일해도 먹고 사는 데는 문제가 없잖아요. 그러니까 고생을 안 하려고 해요. 그러면 성공하기가 어렵죠. 그래서 탈북민들이 어디를 가더라도 소외되지 말고 일을 맡기면 잘하는 사람들이 되라고 말하고 싶어요. 오십 먹은 후배가 그래요. "형님. 내가 뭘 하면 좋겠는가?" 그래서 내가 "기술을 배워야 된다."고 했지. 그래서 그 후배가 전기 기능사 자격을 받았거든. 그래서 내가 어디 관리사무소에 얘기해서 그 후배 좀 넣어달라고 했지. 기사 자격을 받았으니까. 그렇게 하믄 그 사람을 쓸 수가 있거든. 그리고 우리 아파트에 또 그런 애가 하나 있어요. 북한이탈주민재단(남북하나재단)에 있는 애인데, 나보고 진로를 어떻게 결정하면 되겠는가 하고 묻더라고. 북한에서 엘리트에 속하는 사람들은 나갈 구멍이 보이지만, 많은 사람이 갈팡질팡하고 그래요. 그래서 자꾸 나한테 물어보고 그래. 그래서 재교육이 필요해요. 내가 관리사무소에 탁 들어와 보니까 그렇더라구요. 진짜 아무 것도 아닌 일을, 그런 일을 못 찾더라구요. 그래서 교육에다가 더 투자해가지고 자격증 같은 것을 따서 사람들한테 인정받아야 해. 그래야 대한민국에 정착할 수가 있어요. 남한이 자본주의 사회다 보니까. 사회주의에서는 어느 정도 사람을 테스트해서 '요 사람은 요기가 적재적소다.' 이렇게 하는 게 있어요. 그러니까 조선노동당 간부 같은 경우, 모두 당에서 사람을 이렇게 배치하거든. 그런데 여기서는 다 자율에 맡기고, 자기가 진로를 결정해야 하잖아요. 그런데 내가 북에서 전기 전공을 했는데, 한전 들어가려고 하니까 '그런 곳은 꿈도 꾸지 말라.'고 하더라고. 한전에서도 분야가 여러 개가 있잖아요. 나도 얼마든지 그런 데서 일할 수 있는데, 아예 꿈도 못 꾸겠더라고. 여자들도 그래. 여자들도 가방 만드는 데 들어가고 하더라고. 그런데 내가 아는 여자들은 대부분 청소밖에 할 데가 없어. 북한에선 경리도 하고 공부도 잘했던 여자들인데, 여기에서는 대개 청소를 하드라고. 그래서 내가 '저런 사람들은 조금만 밀어주면 전공 일을 잘할 수 있는데'라는 생각을 많이 해요. 그러니까 결국은 시스템 자체가 그렇더라고. 어쨌든 투자해야지, 자기가 부족하다 싶으면 투자해야지.

전: 선생님께도 24시간이 있잖아요. 근데 보면 일찍 출근하셔서 늦게까지 일하시고, 집에 가서도 전화 오면 또 나가서 일하시고. 굉장히 일 중심의 삶을 사시네요. 그러면 자신에게 몇 프로 정도의 시간을 쓰시나요? 예를 들어서 주말농장 하시는 거나 등산? 여러 가지 나만의 시간이 있을 텐데요.

최: 아, 그게 눈 뜨면 산에 가고, 주말농장 가고 하는 것이 좋죠. 나는 나대로, 그저 이 좋은 세상에서, 시간 내서 일하고 해서, 어디 가보픈 데가 딱히 없어요. 지금까지 내 형편에서는 어디를 갈 그런 여유도 없고 그러니까. 그냥 딱히 뭐가 없어요.

전: 그러면 그 소장님의 장점이 있을까요?

최: 장점이라믄 그 사람은 심성이 착한 사람. 심성이 착하셔. 그런데 당뇨가 좀 있어. 그래서 앉으면 쉬드라고.

전: 또 하나 궁금한 점은요. 남한 사람들하고 같이 근무하면서 내가

좀 도움을 받았거나 배운 게 있을까요?

최: 아, 그럼. 여기서 컴퓨터, 법 이런 것들 배웠죠. 북한은 중앙집권적 경제니까 판매하는 게 없어요. 상사가 있어가지고 다 받아서 배포하잖아요. 근데 여기는 시장경제잖아요. 그래서 시장경제도 배우고. 동료를 통해서 영수증 쓰는 법도 알게 됐고. 또 북한에서는 계속 결함을 들춰내서 고치는 방법이거든. 근데 여기는 완전 새롭게 바꿔. 여기서는 그 사람의 장점을 얘기해서, 그 장점을 살리도록 하는 문화더라고. 사랑으로 치유하고 그래요. 그다음에 애들 교육하는 것도 자율에 맡겨서 하더라고. 이렇게 좋은 문화가 어딨어요. 북한하고는 완전히 달라요. 거기는 주일에 한 번씩 비판, '생활총화'라는 거 하고 그래요. 비판하고 투쟁하는 노선이 북한사회를 전진시킨다고 생각하니까, 남한하고 완전히 다르죠. 그래서 배운 게 많죠.

전: 처음에 이상하셨겠네요? 남한사회에서 장점을 발견하고 사랑의 감정을 느낀다는 것이 불편하지는 않으셨어요? 물론 낯설기야 하셨겠지만.

최: 그러니까 처음에 여기서 먼저 온 남자들이 나한테 "사랑한다." 이러면, '미친 거 아닌가?'하고 생각했지. '왜 나를 사랑한다고 하지?' 그랬으니까. 특히 혼자 사는 여자들이 "사랑한다." 그러믄 '나하고 연애하자는 건가?' 싶었지. 그렇게 받아들였거든. 근데 '사랑'이라는 말을 많이 쓰더라고.

전: 북한에서는 사랑한다는 말 안 써요?

최: 네. 남녀 관계에서만 쓰죠. 사랑은 연애하고 이코르(equal)가 되거든. 근데 여기는 아니잖아요. 사회생활에서 보면. 사랑의 개념도 폭이 넓고 그렇잖아요. 그러니까 완전히 다른 세상이잖아요. 북한을 바라보는 시각도 달라졌죠. 가깝게는 장모님한테 내가 만약에 "따님을 곱게 길러서 저를 주셔서 정말로 고맙습니다." 이렇게 말했으면 아마도 장모님이 눈물 흘렸을 거예요. 그런데 그렇게 못했거든. 거기서는 형제지간에도, 부모자식 간에도 정이 없이 살어. 그런 말을 전혀 못 했지. 지금 여기 와서 살아보니까, 우리 부모들한테 그렇게 말해줬으면 부모님이 '자식 하나 잘 됐다.'고 칭찬했을 거예요. 북한에서 그렇게 해줬으면 그 사람들이 얼마나 눈물을 흘릴까 싶어요.

전: 선생님, 진짜 많은 말씀을 들었는데요. 한 가지만 더 여쭤볼게요. 전체적으로 선생님은 한국사회에 잘 적응하고 계시네요. 성공적으로 정착을 잘 하시구요. 근데 이제 한국에서 남한 사람하고 북한 사람하고 같이 직장에 있을 때, 여러 가지 갈등이 생길 거잖아요. 편견도 심하고 차별도 있고. 그래서 캐나다나 호주, 또는 북으로 다시 돌아가는 분들도 계시더라구요. 아니면 우울증에 걸려서 힘들어하는 분들도 있구요. 이런 분들을 보셨을 때 어떤 도움이 필요하다고 생각하세요. 그러니까 정책이나 민간단체의 노력이나 개인의 노력 같은 거요. 그래서 어떻게 하면 갈등을 줄일 수 있는지 혹시 말씀해주실 수 있나요? 체제도 다르고 문화도 다르고 하니까 내면적으로 굉장히 힘든 것도 많을 거 같아요. 어떻게 하면 서로 조화롭게 잘 지낼 수 있을까요. 국가가 나서야 되는지. 아니면 개인의 의지나 노력, 끈기를 더 키

워야 하는지가 궁금합니다. 좀 어려운 질문일 수도 있는데, 말씀하실 수 있는 부분만이라도 답변이 가능할까요?

최: 공산권에서는 당 조직이라는 게 존재해요. 몇 명씩 조직을 묶어놨거든. 거기서 분쟁이 일어나면 사람이 조정을 해요. 근데 여기는 이런 게 없잖아요. 북한에서는 분쟁이 일어나면 조직에서 조정을 해줘요. 모든 직장이 그래요. 근데 거기서 역작용이 일어나는 거지. 공산사회는 제도가 나쁘지만은, 예를 들어서 아파트에서 내가 살다가 죽으면 자식들이 없어도 주변 사람들이 장례를 치러줘요. 다 해줘요. 둘이 살다가, 내가 죽었다 그러면 조직이 책임지고 그 사람이 장례를 치러주고 해요. 근데 여기는 그런 게 없어요. 그런 시스템이 없으니까 내가 드문드문 앉아서 '북한은 이렇다'고 우리 직장 사람들한테가 얘기해요. 북한은 다 끈끈하게 연결돼 있어요. 농장이든지 어디든지. 조선노동당이라는 조직이 있어서 다 연결돼 있어요. 그러니까 이 사람이 이사한다고 하믄 사람을 조직해서 이사해주고, 부모 혼자 사는 사람도 다 살 수 있게 해주거든요. 시스템이 그래요.

전: 그건 되게 좋은 거네요.

최: 좋지. 좋은데 정치가 개입되어 있으니까 안 좋지. 또 내가 한국으로 이탈했다고 하면 내 자식은 배제돼요. 그 외에 북한 정치를 따라오는 사람은 다 돌봐주거든. 내가 중국으로 도망칠 때 보면 이런 사람들이 있더라고. 사람들이 중국으로 넘어가다가 너무 배가 고파서 바위에서 떨어져 죽기도 해요. 그러믄 자식들이 장례를 치러야 하는데, 직장에서 나와서 "니네 부모는 배반

자다. 그러니 누구도 그 집에 가지 말라."고 하면 못 가요. 그러면 자식들은 막막하다고. 이렇게 하니까 자식들은 피눈물이 나는 거지. 정치적인 영향을 받아요. 그러니까 이런 사람들은 진짜 설 자리가 없지.

전: 그렇게 배제된 사람들이 많나요?

최: 전에는 잘 사는 사람, 최근에는 탈북자 가족. 그다음에 정치적인 문제로 걸려든 사람이지. 전에는 '내가 여기 왔다' 그러면 우리 가족이 거기서 못 살아요. 어느 탄광이나 심심산골로 쫓겨가야 돼. 근데 이제 남한으로 많이 왔으니까 북한으로서도 어쩌지 못하는가 봐요. 많이 완화됐다고 그래요. 북한은 돈이면 다 돼요. 북한이 굶어죽는 사회를 거치면서, 인식도 변화됐어요. '자본주의는 나쁘다, 사회주의와 공산주의는 우월하다, 조선노동당이 보살펴준다, 세상에 부럼 없다' 이런 것들이 통했는데, 지금은 안 통하죠. 사람이 죽어나는데 구제를 못하니까요. 그러니까 착하고 시키는 대로 하는 사람들이 먼저 죽었어요. 그러니까 각자 살 궁리를 하는 거지. 경찰도 돈 되는 것을 할려고 하고, 월급 가지고 못 사니까, 부패가 이루어질 수밖에 없어요. 부패를 안 하면 자기가 죽으니까. 국가가 시킨 대로 했는데 그런 사람들만 다 죽으니까. 그런데 내가 아는 국군포로가 딸이 남한에 오다가 잡혔대요. 그래서 정치범 수용소에 갔는데, 그 딸을 빼려고 천만 원 보냈다 그러더라고. 원래는 딸이 못 나오게 되는 건데, 3년을 살고 나왔다고 하더라고. 진짜로 나온 건지 안 나온 건지는 모르겠고. 북한은 체제가 그래요. 그러니까 제도만

바뀌면 북한이라는 게 좀 변화되겠지 싶어요.

전: 통일이 되면 정치적으로 경제적으로 전문가들이 많은 일을 해야 할 텐데요. 어떤 분야가 가장 충돌이 심할까요?

최: 경제체계가 시장경제로 바뀌면 중국이 그랬듯이 북한도 급속도로 바뀔 거예요. 지금 북한은 체계 자체가 공산주의라 사람들하고 이해관계가 없어요. 내가 뭘 판다든가 하는 게 없어요. 병원도 무상치료라 하지만 약을 돈주고 사야 하니까. 사람들은 책임감이 없고, 서비스를 잘 해야겠다는 마음도 없어요. 그런 문화는 바뀌어야죠. 근데 우리도 처음에 그랬어요. 예를 들어서 북한에서는 일하는 사람이 밥 먹으러 온 사람한테 밥을 안 줄 수도 있어요, 밥 먹으러 온 사람한테 밥이 떨어졌다고 안 줘도 돼요. 그러니까 먹는 사람이 그저 "아, 제발 좀 주시요. 내가 좀 배고파서 그런데 하나만 더 주시오." 그래요. 그러면 "떨어졌습니다." 하면 끝이거든. 자기 이해관계가 없잖아요. 두 개를 팔든 세 개를 팔든 시장경제가 아니니까 아무 이해관계가 없어요. 이런 것들이 시장경제로 돌아서믄 급속히 변화겠죠. 시간이 걸리겠지만은. 북한 경제를 보면 정말 한심한 꼴이죠. 강철공장이랑 가보믄 거의 다 일제 때 쓰던 설비를 지금도 써요. 철근공장도 일본이나 중국, 러시아에서 설비를 들여오는데, 너무 오래된 모델들을 지금도 쓰고 있어요. 현대에 맞는 설비가 없잖아요. 사회적 기반이랑 수도랑 아파트 짓고 하는 거, 전기, 히터, 전기담요도 켜려면 그 배선을 다시 해야 해요. 싹 다 선을 바꿔야 해요. 변압기도 다 큰 걸로 바꿔야 해요. 북한은 전등 한두 등만

딱 켜놓게 했거든. 그러니까 이 기반 시설도 바꿔야 하고, 그다음에 도로, 상수도, 화장실 등 엉망인 데가 많아요. 정말 천문학적인 돈이 들어가겠지. 그게 젤 힘들 거 같애. 그런데 투자해서 여기 경부고속도로를 만들듯이 철길이랑 자동찻길이랑 다 직선으로 펴고 하면 좋겠지. 옛날 도로를 달리자믄 정말 숨이 막힐 정도로 먼지가 많이 일어나고 답답하고 느리고 그래. 그런데 남한처럼 하자믄 돈이 많이 들어가겠죠? 그런데 개선은 해야 돼. 그러면 돈이 필요하니까 시장경제를 받아들여야지. 그러면 금방 변할 거라고.

전: 시장경제 체제로 바뀌는 것을 반가워하는 사람도 있겠지만 그렇지 않은 사람도 있겠죠?

최: 무슨 소리? 다 반가워하지. 북한에는 남한에 대한 게 너무 왜곡돼 있어요. 남한이 과장돼 있어요. 실제로는 남한 사람들이 완전히 잘 살고, 의술도 대단히 발전했다고 다 인식해요. 그러니까 북한인민들이 우리가 생각하는 것보다 남한을 더 동경해. 그러니까 자기들끼리 "야, 우리는 지옥으로 계속 가는데, 내 나라 절반 땅(한국)은 그래도 제대로 가니까 앞으로 통일되믄 남부럽지 않겠다"고 해요. 이런 생각을 많이 했어요. 북한 경제를 보면서 '망하겠구나, 이렇게 계속 마이너스로 가는 구나.'라고 생각하는데, 남한은 안 그렇잖아요. 통일에 대해서 근심하는 사람은 없어요. 거기 김정일이 친척들은 어떻겠는지 모르겠지만. 체제 교육을 해도 그게 다 거짓말이라는 것은 다 깨닫잖아요. 세계관이 형성되면 다 깨닫잖아요. 근데 맹목적으로 따르는 사람은 창

조성이 없는 사람, 바보스러운 사람들이지. 김정일이, 김정은이 천재적이라는 교육을 하고. 그다음에 인민들을 위해서 눈물 흘리고 하는 것 보면, 이야, 정말 '인민이 어버이'라고 말하는데 실지 그렇지 않잖아요. 그러니까 막 역겹지. 막 지겨워요. 그저 눈만 뜨믄 그런 소리나 하니까. 그러니까 사람들이 세계관이 트이믄 막 지겨워져요. 그렇게 천재적인 사람들이 왜 북한을 저렇게 몰락하게 만들었어요? 그러니까 듣는 사람이 없어요. 애들이나 듣지.

전: 마지막으로 질문 한 가지만 더 할게요. 여기에 남한에서 태어난 동료들 있잖아요. 그분들 보면 '우리'라고 생각이 드시나요? 아니면 '나는 나고, 너는 너다.'라는 인식이 있나요? 보이지 않는 경계 같은 것이 있는지 궁금해요.

참: 있지. 그러니까 여기 사람들이 탈북자들이라 하믄 반감이 있는 것 같아요. 탈북인도 더러 병원도 차리는 사람도 있고, 자녀들이 변호사도 하고 의사도 하고 그래요. 그런데 탈북자 출신이라고 하믄 그 뭐인가, 불편해하더라고. 반대로 "탈북자는 변호사한테 시집가면 안 돼?" 이러는 경우도 있고. 그러니까 내가 볼 때는 사람들이 그 저 뭐인가, 탈북자에 대해서 편견이 있는 거지. 그러니까 이 남한에 사람들 인식이 그렇다고 봐야지. 그러니까 예를 들어서 우리 마을에 노인회장이 있는데, 경상도 여자예요. 그 남편은 6.25 전쟁 전에 여기 나와 산 사람이라고. 근데 장롱문이 두 개 떨어졌는데 그걸 고치지 못해서 자꾸 머리를 앓더라구요. 그래서 내가 가서 고쳐줬는데. 근데 그 노인회장은

나이가 80인가 85인가 되는데, 자꾸 남편이 입던 옷을 나한테 주더라고. 남편이 90살 다 됐는데, 북에서 한참 잘나갔던 분인가 봐. 그러니까 옷을 고급으로 사 입고 자식들이 잘해주고 하니까, 자꾸 남편이 입던 옷을 나한테 주더라고. 나도 10년 전에는 많이 얻어 입고 했지만, 지금은 사다 준 것도 못 입잖아요. 사다 준 것도 못 입어요. 작년에 사위가 50만 원짜리 사준 옷도 못 입어요. 집사람도 미국 제품옷을 사주기도 하고 그런데 내가 안 입어요. 그런데 자기 남편 옷을 주면 내가 입겠어요? 탈북자니까 이런 옷을 못 입을 것 같다고 하면서 주려고 하더라고. 그래서 내가 목수건이랑 주는 거를 그냥 집에 가져왔어요. 안 받으면 성의가 없어 보이니까. 집에 가져와서 복도에다가 놨는데 집사람이 막 욕하는 거예요. 왜 저걸 가져왔느냐고. 쓰레기에 넣을 거를 가져왔다고 하더라고. 인식이 그렇게 전반적으로 변한 거죠. 못 사는 나라도 아니고, 없이도 왔는데, "뭐 하려고 저런 것을 받아 오냐"고, "우리가 거지냐?"고 하더라고. 그런데 뭔가를 주고 하는 거를 나쁘다고 생각 안 해. 남한 사람이지만 그 사람도 북한이탈주민하고 사는 거나 마찬가지잖아요. 그 사람도 그렇게 생각하시는 거 보니까. 우리도 지금 먼저 와서 보니까, 후에 온 사람들 다 못 사는 거 같애서 뭐 이렇게 줄려고 이러다가, 우리 집사람한테 걸려서 욕먹는다고. 그 사람들이 친척이나 있어 가지고. 근데 우린 아무것도 없이 의지할 데 없지만 여기 온 사람들 보면, 지금 오는 사람들은 형님이 먼저 왔다고 하고 그러잖아요. 지금 오는 사람들은 우리처럼 처음으로 시작하는 게 아니고 친척들이 와 있고 하더라고. 내가 지금 같이 있는 사람은 충청도 사람인데 딸 자랑을 많이 해. 좋은 데 시집 가고 그랬다고 해요. 그런 사람이 있는가 하면 또 어려운 사람도 있어요.

전: 네. 그러면 '북한이탈주민'이라는 용어 자체는 어때요? 이 용어도 되게 기분 나쁘다는 얘기를 많이 들었거든요. 이탈이니까 범법자냐 하더라구요. 여성분이 그러셨어요. 기분 나쁘다고. 선생님은 어떠세요?

최: 그렇게 꼬투리를 잡으믄 새터민이라믄 어떻고, 북한이탈주민이라믄 어떻냐는 거죠. 초기에는 북한에서 왔단 소리를 안 했지만, 지금은 북한에서 온 것 다 아니까. 나도 어디서 오고 뭐 어쩌고 했다고 아는 사람은 아니까. 북한에서 온 것 아니까, 북한이탈주민이라면 어떻고, 탈북주민이라면 어떻고, 탈북자라면 또 어떻냐는 거지. 용어와 관련해서는 모르겠어요.

전: 선생님. 그동안 좋은 말씀도 해주셨고요, 정말 성심성의껏 시간을 할애해서 말씀도 많이 해주셨어요. 제가 여러모로 생각할 수 있는 기회를 얻었어요. 그리고 여성분들을 많이 만나 뵙고 했는데, 그런 분들과 다르게, 북한의 체제나 조직, 그런 부분에 대해서 많은 말씀을 해주신 거 같아 도움이 됐습니다. 근데 이렇게 세 번 인터뷰하시면서 어떠셨어요? 개인정보에 대한 우려도 있으셨을 텐데요. 느낀 점이 있으면 말씀 부탁드립니다.

최: 뭐 어쨌든 북한을 위해서도, 통일을 위해서도 목적이 좋잖아요. 그런 거 다 떠나서 이런 얘기를 할 수 있다는 것 자체가 소중한

거죠. 그래서 이 시간이 소중했어요. 사회주의 사회에서는 유일적인 체제가 있어가지고, 상담한다고 하든 등록된 기관 요원만이 할 수 있어요. 그러니까 상담하는 데 있어서 속이는 거는 있을 수 없어요. 근데 자본주의 사회에서 살다 보니까 가짜도 너무 많고 그렇더라구요. 그런데 북한에서 왔다고 하니까 인터뷰해달라고 하는 얘기를 자주 듣죠. 심심치 않게 듣지만은 그런데 응하지 않지. 혹시 무슨 가짜 뉴스인가 그런 생각이 들어서요. 그래가지고 내가 몇 번 물어봤거든. 그런데 전주람 교수님 보니까 인상도 좋고, 믿음도 가서 내가 인터뷰를 응한 거죠. 처음에는 나하고 인터뷰를 하자는 교수의 목적이 뭔가 궁금했고요. 그 목적이 옳은가 생각도 했고. 그래서 처음에는 솔직한 얘기를 쭉 말 안 하고 그랬죠. 시간을 다 뺏기면서 그렇게 하고 싶지 않았어. 그래서 내가 한 번 본다고 나갔잖아요. 그래 나갔는데, 북한이탈주민하고 통일을 얘기하는 건가 싶었죠.

전: 아, 진짜 너무 감사해요. 저도 이런 거 인터뷰하지만 인터뷰 너무 많이 하면 가끔 하기 싫더라구요. (웃음) 분명한 목적이 있으면 하지만요. 그래서 인터뷰에 응해주신 점, 감사합니다. 시간도 많이 들고 신경도 쓰이고 그러잖아요. 근데 선생님께서 이렇게 장소도 마련해주셔서 고맙습니다. (끝)

그는 노력 끝에 자기만의 영역을 확보했습니다. 아파트 관리부서에서 일하면서 동네 사람들의 인정만큼 반가운 게 있을까요? 그의 말에는 자긍심과 감사가 넘칩니다. '짐승 신세'를 벗어나게 해준 대한민국이 고맙다고 하셨습니다. 관절에 통증이 와도 끊임없이 입주자들의 요구를 받들어 모실 수 있는 것은 생존을 위해서입니다.

'필요한 존재'라는 인식이 그가 움직이는 원동력입니다. 전기가 고장 날 때 그는 살아갈 이유를 얻습니다. '나를 필요로 하는 곳이 있구나.', '그래, 내가 뭐 아는 게 있는가, 배운 게 있는가.' 내 손길을 필요로 하는 사람에게 오히려 그는 고마움을 갖습니다. 그가 지닌 소신이 멋있습니다. 양심에 꺼리지 않는 삶, 단돈 몇 만 원에 양심을 팔아먹지 않는 사나이가 진짜 사나이입니다.

인터뷰를 마치니 해가 지고 있었습니다. 그래서 뿌듯함을 느꼈습니다. 한편으로는 이 '뿌듯하다'는 표현에 홀가분하다는 의미도 함께 담겨 있음을 말씀드리고 싶습니다. 너무 많은 이야기를 두서없이 하셨기 때문입니다. 그럼에도 불구하고 많은 말을 해주셔서 한편으로는 또 고마웠습니다. 저녁 시간이라 중국집에 가자고 제안했는데, 그도 배가 고팠는지 흔쾌히 승낙하셨습니다. 걸어가는 길에 그분이 "저 자전거는 본인 것."이라고 하셨습니다. 바퀴의 너비는 굵고 튼튼하게 생겼으나, 형체는 고전적인 모습이었습니다.

그와 마주 앉아 짜장면과 탕수육을 먹었습니다. 그때 그의 손가락이 눈에 들어왔습니다. 가운뎃손가락이 다친 것 같았습니다. 왜 그러냐고 묻지는 않았습니다. 앞서 그가 말했던 벽돌을 몇백 장 날랐다는 사실과, 중국에서 어린 노동자들에게 당한 수모 때문이라 생각했습니다. 그렇다고 그가 내 동정을 받을 만큼 힘이 없거나 약한 존재라고 생각되지는 않았습니다. 고통과 수모의 과정에서 그는 심리적 내공이 꽉 차 보였습니다.

마주 앉은 자리에서 우리는 연구 주제를 벗어나 개인적인 이야기를 나누었습니다. 그는 딸이 내년 초 결혼한다고 했습니다. 저는 예비 사위가 마음에 드냐고 물었고, 그는 모 회사의 연구원이라는 것만 밝혔습니다. 사돈께서 북한 여자를 흔쾌히 받아들이셨는지 궁금해 물었는데, 그쪽에서는 북에서 온 사실을 모른다고 했습니다. 딸은 북한에서 왔다는 말을 하지 않았다고 합니다. 또 그는 딸이 자신과 달리 북한 출신 남자를 싫어한다고 했습니다. '결혼하고 나서 알게 되지 않을까. 평생 속이고 살 수 있을까?' 걱정이 들었습니다.

중국집에서 그와 식사하며 이상한 점을 발견했습니다. 탕수육을 몇 점 드시더니 멈추셨습니다. 북한의 형제가 마음에 걸려서였을까요, 아니면 건강 때문이었을까요? 아니나 다를까 전자였습니다. 그는 그렇게 겉으로는 강직해 보이면서도 내면은 심약하고 선한 사람이었습니다. 그와 헤어지는 순간 애잔한 마음이 들어 마음이 편치 않았습니다. 그래도 다시 연구자의 위치를 인식하며 그가 해주신 이야기들을 연구 목적에 맞게 잘 정리해야겠습니다.

곽상인 노트: 경계를 넘나드는 투머치 토커

　대화록을 구성하고 편집하는 과정은 쉬운 일이 아니다. 발화자의 전체적인 맥락을 파악해야 하며, 그 사람의 심정까지도 돌봐야 하기 때문이다. 하다못해 청취자의 입장까지, 그리고 대화하는 분위기까지도 염두에 두고 작업해야 한다. 낯선 사람, 낯선 환경이라면 위의 과정은 더욱 복잡해진다. 예컨대 북한이주민의 경우 그들이 쓰는 단어의 의미도 알아야 하고, 단어를 잘 못 쓰면 오해를 받을 수도 있겠다는 생각에 여러 정황을 검토해야 한다. 주지하다시피 활자화된 단어에는 표정이 없기에 그렇다. 다듬고 또 다듬는 인고의 과정을 거쳐야, 제대로 된 대화록이 완성될 수가 있다.

　그런 차원에서, 앞서 인터뷰했던 북한이주민보다도 나이가 제일 많은 70대 최두일은 힘든 사람이었다. 솔직하게 말해 그의 인터뷰 내용을 정리하다가, 책 쓰는 작업을 그만두어야겠다는 생각도 자주 했다. 하나의 질문에 최소 두서너 개의 답변을 하는 것은 기본이고, 질문과 관련이 없는 대답을 하여 주제나 논점을 흐리는 경우가 많았다. 말을 논리정연하게 하지 않아서 몇 번이나 그의 대답을 살펴야 했다. 그런 의미에서 보자면 최두일의 답변을 정리하는 것 자체가 나에게는 곤혹이었지만, 한편으로 그의 답변을 정리해줄 수 있는 내공이 생겼기에 복잡다기한 이야기를 정리할 수 있었다.

　그의 이야기는 사람과 사람을 연결하는 발전적이고 희망적인 메시지가 담겨 있어서 인상적이다. 결코 요행을 바라지 않고 노력한 만큼만의 대가를 바라는 정직함이 그의 일상을 차지하고 있었다. 경비원이라고 하더라도 옛날 말로 거의 맥가이버식의 만능열쇠를 지닌 사람이며, 자신이 맡은 일은 어디에서나 빛나게 할 수 있는 분이라는 생각도 들었다. 최대한의 불평과 소란을 최소한으로 만들어서 해결하고, 최소한의 민원을 최대로 끌어올려 자신의 역량을 발휘하는 모습은 그야말로 인상적이고 빛났다.

남한에서 자신을 받아주고, 자신의 능력을 발휘할 수 있도록 기회를 준 것에 대해 무한히 감사함을 느낀다고 했다. 북한에서 받은 스트레스를 풀어내고, 북한 사회 자체에 대한 불만을 표현하는 대목에서는 놀라기도 했다. 물론 북한사회에 대한 비판적 감정 속에는 노스텔지어가 배어 있다는 것도 충분히 짐작이 가는 바이다. 그래서 자장면을 먹을 때에도 그 달달한 맛을 쉽게 목으로 넘기지 못하는 인간애도 보여주셨다. 남한에서 자신의 가치관을 확실히 정하고 올바른 사회 정착을 위해 성실한 삶을 살아가는 최두일 님에게 부디 탄탄대로가 펼쳐졌으면 하는 바람이다. 세상에 공짜가 없듯, 그의 삶이 빛났으면 좋겠다.

김지일 노트: 글로 만난 북쪽 형님, 최두일

최두일 님은 한참 선배이시다. 이 분은 한국 사회에 60대가 지나서 넘어 오셨다. 주인공은 그 나이에 한국에서 생계를 유지하기 위해, 또 정착하기 위해 구직 활동을 했고, 경비직에 지원했으나 탈북민이라는 이유로 문전박대를 경험했다. 그럼에도 불구하고 기회를 얻어 구직에 성공한 분이다. 독자들은 경비직이 뭐 그리 대단한 직업이냐고 반문할 수도 있겠다. 하지만 한국사회에서 일용직이 아닌 장기채용직에 고용되는 것은 탈북청년에게도 어려운 일이다. 나이 드신 북한이주민에게는 더욱 더 어려운 일이 되기에 그렇다.

또한 이 분은 취업 후 그것으로 만족한 것이 아니라 한국 사람들의 편견과 차별의 시선을 걷어내기 위해 자신의 성실성을 증명해 보였다. 그리고 이 사회에 적응하고 주변 사람들과 어울리기 위해 북한에서 경험한 전기 안전 관리 및 전기 작업을 솔선수범하게 해내셨다. 그 경험을 토대로 주민들에게 먼저 다가가는 태도를 보이셨다. 일례로, 수백 장의 벽돌을 날라 주민들의 편의를 위한 구조시설을 만드셨다. 이러한 모습은 북한에서는 흔한 일이고 누구나 실천 가능한 일이다. 하지만 한국사회에서는 이상한 일일 수도 있다.

최두일 선배님은 북한에서의 경험과 일상에서 배어 나온 성실성이 있었기에 남한에서 버틸 수 있었다고 평가할 수 있겠다. 무엇보다 가족에 대한 책임감이 있었기에 가능한 일일 것이다. 한국 사람들과 꼭 같이 편안함을 추구하고 자기 일에만 충실하고 살았더라면 설 자리를 잃었을 수도 있었겠다 싶다. 살아야 하고 버려야 한다는 압박감은 자기 출신에 대한 열등감으로부터 비롯되기도 하지만 한국 사회가 던지는 무시와 차별로 인해 발생하기도 한다. 그러나 이러한 압박감과 열등감을 이겨내고 자기의 진정한 모습을 드러내면 더 높이 도약할 수 있다. 선배님의 경우가 그렇다. 경비 업무를 수행하면서 개인 간의 갈등과 차별적 시선을 경험하면서도 좋은 사람이 되기 위해 노력한 부분은 경외스럽다.

결론적으로 최두일 선배님은 자신이 해야 할 일을 잘 알고 있었고, 타인에게 베풀고 배려하면 얼마든지 삶에 긍정적 변화가 온다는 것을 알고 있었다. 이러한 내공 탓인지, 그는 스트레스를 받지 않으려고 노력한다고 말씀하셨다. 오히려 북한에서 일할 때보다 남한에서 일하는 것이 더 만족스럽다고 했다. 북한에서는 출신 성분에 따라 사람들의 위치와 미래 직업이 결정되는 분위기라서 경쟁이 심하지 않다고 했다. 남한에서는 자유로운 분위기가 형성되어 있어 좋기는 하나, 경쟁이 북한보다 더 치열해서 안타까운 점도 있다고 했다. 북한의 시스템과 남한의 시스템을 잘 혼용하면 좋겠다는 생각이 들었다. 어쨌든, 열심히 살아오신 선배님께 존경을 표한다.

나가는 글

　북한출신분들의 남한사회 조기 적응의 선결 요건은 경제적 자립이므로, 직장은 남한사회 적응에 있어 우선적으로 고려해야 할 부분이다. 북한출신분들이 직장생활을 영위한다는 것은 생계를 유지하는 것 이상의 의미가 있다. 직장생활을 통해 그들은 자신의 소질과 능력을 발휘하여 삶의 가치와 보람을 발견하고, 자기 나름의 북한에서의 세계관과는 다른 남한에서의 새로운 세계관 정립, 고유한 자기정체성 확립, 자아실현, 네트워크의 확장 등을 이루어나갈 수 있다. 즉 북한출신분들에게 안정되고 지속되는 삶을 제공할 수 있는 직장은 기본적 생존을 위한 자원 획득의 공간이자 새로운 문화를 익히면서 남한 주민으로서의 새로운 정체성을 확립해가는 터전이다.

　따라서 그들의 삶에 중요한 의미를 갖는 것이 직장이다. 그러나 남한에 거주하고 있는 북한출신분들 가운데 소수만이 원활한 직장생활을 영위하고 있고 대다수는 현재의 직장에 만족하지 못하고 이로 인해 이직률도 높은 실정이다. 우선 그들은 언어를 사용하는 데 있어서 북한사투리 억양으로 인해 북한출신분자로서의 정체성이 드러날까 늘 우려한다. 따라서 많은 북한출신분들은 자신의 정체성을 애써 감추고자 한다. 또한 일반적으로 남한 출신 사람들에 비해 이들은 직설적으로 대화를 하는 편인데, 그 습관은 상호비판과 자기비판이라는 형식으로 이뤄진 북한의 공개재판(비판) 문화에서 비롯되었다고 볼 수 있다. 곧 상대방에 대한 부정적인 평가와 지적이 일상화된 북한식 생활방식이 이를 반영한다고 하겠다. 이들은 업무능력 부족, 대인관계 문제, 문화적 차이 등의 이유로 경제활동에서 어려움을 경험한다.

통계에 따르면 북한출신분들 중 70%가 여성이고 가족중심의 이주가 증가함에 따라 북한출신분들에 대한 학문적 연구는 주로 여성에 집중되어 온 경향이 있다. 북한출신분들만이 경험하는 구직과정상의 어려움과 직장 내 적응과 갈등은 성별에 관계없이 모두가 경험하는 문제이며, 특히 남한출신 사람들의 편견과 고정관념, 차별적 시선 등을 경험할 때 종종 직장을 그만두거나 이직한다. 북한출신 남성들의 성장과정은 여성과 구별되는 특징을 지닌다. 그들이 당원의 자격을 위해서는 대학을 졸업 후 약 10년간의 군복무를 마쳐야 하기 때문에 가족과 분리된 일상을 살며 취업 혹은 결혼이 늦어진다. 또한 군복무를 마친 남성들은 개인의 체질, 기술기능 및 희망 등을 고려하여 기관, 기업소 및 단체를 평생직장으로 배치받게 되는데, 실제로 정책 상황에 따라 일정한 지역에 집단 배치되는 경우가 많다. 특히, 북한에서 남성들은 여성들에 비해 (국가)체제를 유지하는 데 더 중요한 존재로 인식되어 왔기 때문에 체계적인 통제를 더 많이 받아왔다. 이러한 사회주의 통제와 체제 및 일상생활에 익숙한 남성들이 입남하여 자본주의 체제로 의식과 사고를 변화시킨다는 것은 여성에 비해 좀 더 많은 시간을 필요로 한다.

북한출신분들은 대한민국 전체 구성원의 극소수에 해당한다. 북한을 벗어나 남한에 입국하여 아무런 기반 없이 새로운 삶을 시작하다 보니 경제적, 사회적으로 약자의 위치에 놓이게 된다. 따라서 이들은 소수자로서의 어려움을 겪는 경우가 많다. 특히 남성 근로자의 경우, 선행 연구에 따르면 한 가정의 가장으로서, 맏이로서,

형제로서 제대로 역할을 하지 못하고 탈북한 사실에 대해 스스로 자책하나, 북한에 두고 온 가족에게 도움을 줄 수 있다는 것에 위안을 삼았다. 그리고 가부장적 사회주의 체제에 익숙한 북한이주남성들은 대체로 가족 내에서 가장으로서의 위치를 정립하였을 때, 보다 안정되어 간 것으로 보고되었다. 또한 북한출신분들이 공통적으로 의사소통의 어려움을 겪으나 남성은 여성에 비해 언어적인 적응 능력이 떨어지므로 남성이라는 젠더적인 특성을 고려해야 한다고 언급하였다. 또한 남성이 취업에 실패하거나 적응하지 못하는 이유 등으로 인한 경제적 능력의 부재는 북한출신 여성분들보다 우울감과 좌절감을 더 높게 느끼는 요인이 된다는 점도 확인됐다.

현재의 추세로 북한출신분들이 남한 사회에 증가할 경우, 북한출신 사람들과 남한출신 사람들은 다양한 모습으로 상호작용하며 살아갈 것이며, 경험과 사고 체계의 차이로 인해 문화적 격동기를 맞이할 것이다. 이러한 역사적 시점에서 북한출신 여성들의 직업생활을 탐구하는 것은 필요한 일이라 하겠다. 분단의 아픔을 딛고 우리는 한 민족의 다른 경험과 인식의 세계를 서로 이해해야 할 시대적 사명을 지닌 것이다. 이러한 문제의식 하에 본 저술에서는 북한출신분 남성들의 남한사회 적응 선결 요건인 경제적 자립에 대해 살펴보고, 이를 가능하게 해주는 직장생활 내에서의 경험에 주목하고자 했다. 구체적으로 북한 출신 남성들이 탈북이라는 이주의 과정에서 맞닥뜨리는 경험, 어떠한 조건이 이들의 삶을 가능하게 유지케 하는지, 취업의 동기와 직장 내로의 진입 후 어떠한 경험을 하는지 등을 북한출신 남성들의 생생한 목소리를 통해 살피고자 했다. 이로써 그간 북한출신분들을 대상으로 한 연구에서 남성에 관한 연구를 보완하고 북한출신 남성과 직장과 관련된 다층적 논의점을 이 끌어낼 수 있을 것이라 기대한다. 또한 이 저술은 통일 시대를 맞이 하여 남한출신 주민들의 차별적 시선 해소 및 북한출신분들의 직장 문화 개선을 위한 이론적, 실천적, 정책적 함의를 얻어낸다면 학문 적 영역과 실천적 영역에서의 연구 기초자료로 활용될 수 있을 것이 다.

그간 선행연구는 주로 북한출신분들에게 다양한 정체성(동포, 다 문화 집단, 경계인, 국민)을 부여하고 그들을 어떠한 시각(동화론, 통일 론, 사회적 배제론, 다문화주의)으로 바라보고 있는지를 분석하는 이 론적 논의가 대다수였다. 이에 반해 남한출신 주민들이 북한 출신 주민들을 어떠한 시각으로 바라보고 인식하는지를 실증적으로 검증 한 연구는 드물었다. 따라서 북한출신분들이 남한사회에 정착하는 데 있어 어떤 어려움을 겪고 있으며, 이러한 문제를 해결하기 위해 어떠한 제도와 정책이 필요한지를 중심적으로 살필 필요성이 제기 되어 왔다. 물론 2000년대 이후 북한출신분들의 경제활동 및 직장 생활과 관련한 다양한 연구가 진행되어 온 것은 사실이다. 하지만 남녀 구별 없이 전체 북한출신분들의 직장생활 혹은 직업과정을 탐 색하고 취업 전 교육이수 중인 여성을 대상으로 연구가 진행되어 온 경향이 있다. 때문에 북한출신 남성들의 직장생활 경험에 관한 현장의 목소리는 상대적으로 찾아보기 어려웠고, 북한출신분 남성 의 직장에서의 삶을 생생한 언어로 담아낸 글은 전무한 실정이었 다. 따라서 본 저술에서는 북한출신 남성들의 직장생활 경험이라는 주제를 면밀히 탐구하여 우리 사회에서 소수자로 살아가는 그들의 삶과 직장문화를 이해해보고자 하였다. 이는 향후 남한출신 주민이 북한출신 남성분들에 대해 어떤 감정과 태도를 갖는지, 그리고 남한출신 주민과 북한출신 주민 간의 관계를 어떻게 예측할 수 있는지에 대한 유사지표가 될 수 있겠고, 아울러 북한 출신 남성들의 취업과 관련한 정책을 마련하는 데 기초자료로 활용될 수 있을 것이라 기대한다.

저자 소개

전주람(Jun Joo-ram)
ramidream@hanmail.net

서울에서 태어났으며, 성균관대학교 가족학(가족관계 및 교육, 가족문화)으로 박사학위를 최종 취득하였다. 서울시립대학교 교육대학원 교수학습·상담심리 연구교수로 2017년 7월부터 2019년 6월까지 재직했으며, 현재는 서울시립대학교 교직부 소속으로 <심리검사를 활용한 심리치료>, <심리학의 이해>를 가르치고 있다. 아울러 서울가정법원 상담위원으로 2014년부터 현재까지 활동 중이며, 2022년부터는 통일부 통일교육위원으로 활동하고 있다. 지속적인 연구 관심사로는 가족관계, 심리상담, 문화갈등, 남북사회통합 등이 있다. 주요 논문으로는 「50−60대 북한이주남성들의 일경험에 관한 질적사례연구: 일의 심리학 이론을 중심으로」, 「20대 이혼을 결심한 신혼기 부부에 관한 가족치료 사례연구」, 「북한이주민과 근무하는 남한사람들의 직장생활 경험에 관한 혼합연구」 등 60여 편이 있으며, 저서로는 『절박한 삶』(공저, 2021년 서울대학교 다양성위원회 선정도서), 『21세기 부모교육』(공저, 2023년 세종도서 학술부문 선정도서), 『북한이주민과 지역사회복지』(공저, 2024년 학술원 우수학술도서 선정도서), 『공감을 넘어, 서로를 잇다』(공저, 2024), 『북한이주민과 대학생활 내러티브』(공저, 2024) 등이 있다. 2016년 KBS <생로병사의 비밀: 뇌의 기적> 600회 특집에 부부상담사로, 2021년 KBS통일열차 일요초대석에 출연하였다.

곽상인(Gwak Sang-in)

gwaksi@hanmail.net

전남 진도에서 출생했으며, 현재 서울시립대학교 자유융합대학 교양교육부 교수로 재직 중이다. 학생들에게 주로 (인)문학을 비롯, 다양한 형식의 글쓰기를 강의하고 있다. 2002년 제2회 <사이버문학상>에 단편소설 「타래」로 입선했으며, 「상처에서 벗어나거나 혹은 공존하거나(1-2)」(『시와산문』, 2017년 겨울)로 평론 데뷔를 하였다. 주로 현대소설에 나타난 인물들의 심리 분석을 연구해 왔으며, 최근에는 소설과 영화, 문화 현상 및 북한이주민과 관련해 연구를 진행하고 있다. 「현대소설에 나타난 문신(tattoo)의 유형과 그 의미」, 「채만식 수필에 나타난 근대 공간 속 타자들의 질병」, 「영화 <국제시장>에 나타난 시간과 기호의 서사」, 「황석영의 <바리데기>에 나타난 환상 서사」 외 다수의 논문을 발표한 바 있으며, 저서로는 『이병주』(공저, 2017), 『절박한 삶』(공저, 2021년 서울대학교 다양성위원회 선정도서), 『20대에 생각해보지 않으면 후회할 것들』(공저, 2022), 『소통·창의·공감의 글쓰기』(공저, 2022), 『북쪽 언니들의 강점 내러티브』(공저, 2024), 『북한이주민과 정체성 내러티브』(공저, 2024), 『북한이주민과 미시환경』(공저, 2024), 『공감을 넘어, 서로를 잇다』(공저, 2024), 『북한이주민과 대학생활 내러티브』(공저, 2024) 등이 있다.

김지일(Kim Ji-il)

kkmlsa2021@naver.com

북한 평양에서 태어났으며, 북한의 제1고등중학교 졸업 후 17살 되던 해부터 10년간 군 복무를 하였다. 군 복무 중 돈과 성분에 의해 모든 것이 결정되는 북한 사회의 암담한 현실을 보며 실망과 좌절을 안고 탈북을 결심했다. 현재 한국 사회에 정착하여 대학교에서 회계학과 북한학을 전공하고 있으며, 교수자의 길을 걷고자 학업에 매진 중이다. 2021년부터 국방부 강사로, 2024년부터는 통일부 24기 통일교육위원으로 활동하고 있다. 현재는 <북한기록문학> 10권 시리즈 집필에 동참하고 있으며, 북한정세에 대한 밝은 판단력을 바탕으로 감수자 역할도 수행하고 있다. 지속적인 연구 관심사로는 남북 분단과 국가론, 개혁개방을 위한 북한 경제법, 북한이주민의 정체성 찾기, 한국의 저출산과 북한이주민 문제, 사회적 약자의 권리 찾기 등이 있다. 저서로는 『공감을 넘어, 서로를 잇다』(공저, 2024), 『북한이주민과 대학생활 내러티브』(공저, 2024)가 있다.

북한기록문학 시리즈 2
낯선 환경, 다른 공존

초판발행	2025년 2월 28일
지은이	전주람·곽상인·김지일
펴낸이	노 현
편 집	조영은
기획/마케팅	조정빈
표지디자인	BEN STORY
일러스트	전주성
제 작	고철민·김원표
펴낸곳	㈜ 피와이메이트
	서울특별시 금천구 가산디지털2로 53, 210호(가산동, 한라시그마밸리)
	등록 2014. 2. 12. 제2018-000080호
전 화	02)733-6771
f a x	02)736-4818
e-mail	pys@pybook.co.kr
homepage	www.pybook.co.kr
ISBN	979-11-7279-057-8 93180

정 가   18,000원

박영스토리는 박영사와 함께하는 브랜드입니다.